ふたつの日本
「移民国家」の建前と現実

望月優大

講談社現代新書
2516

放浪の生涯を通じて、彼はかつてただの一度もある特定の場所を自分の故郷《ホーム》として意識したことはなかった。というより、彼にとっては特別な場所などありはせず、どこへ行っても、そこが故郷と思えばそれで満足だったのだ。ところが、月面に立って地球を見た途端、ハントは生まれてはじめて、故郷を遠く離れていることを強く意識した。

ジェイムズ・P・ホーガン『星を継ぐもの』（池央耿訳）

私はひどく遠くにいるような、そのくせ近くにいるような気がします。
ともかく欣《よろこ》んで申しましょう、私はここにいる、ここにと。

ゲーテ『ファウスト』第二部（相良守峯訳）

ぼんやりとしている僕の目の前では、一面に海辺の新緑の砂地が広がり、頭上の深い藍色の大空には金色の満月がかかっている。僕は考えた――希望とは本来あるとも言えないし、ないとも言えない。これはちょうど地上の道のようなもの、実は地上に本来道はないが、歩く人が多くなると、道ができるのだ。

魯迅「故郷」（藤井省三訳）

はじめに――「移民」を否認する国

「私たちは今、かつてない体験をしている。電車に乗れば、アジアのどこかの国の言葉がふと耳に飛びこんでくるし、近くのスーパーでは、大根や豆腐をぶら下げて買物をしている留学生たちをよく見かける。またオフィス街では、日本人の同僚に混じって外国人ビジネスマンが働く光景は、あたりまえとなってきた。この新しい事態に日本人はとまどっている。これまでこの島国から出ていくことによってしかあまり出会うことのなかった異文化と、いまや、だれもがこの国の中で、日々の生活の場でぶつかりつつあるのだ。しかも、この動きはかつてない規模と広がりでもって進んでいる」――。

確かに、その通りだ。

しかし、この文章が書かれたのは最近のことではない。今から30年以上も前、１９８８年に出版された『「在日」外国人』という総勢１００人へのインタビュー集の冒頭から引用してきたものだ。

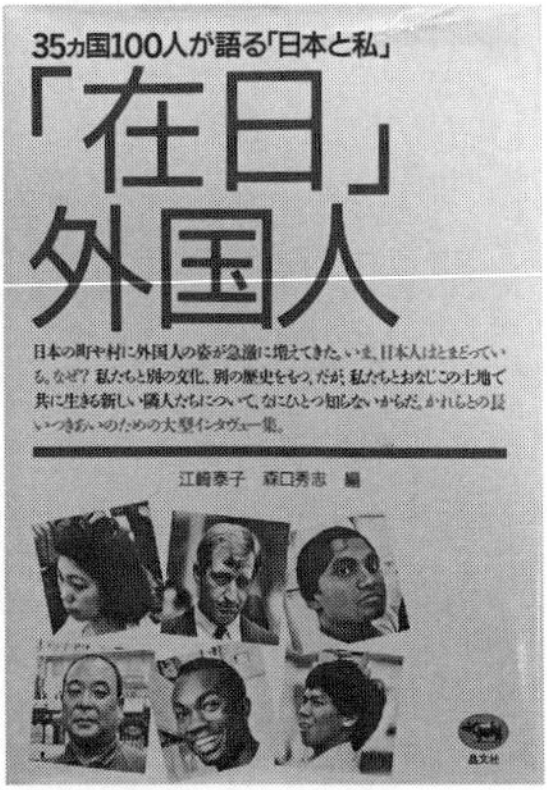

『「在日」外国人』1988年

翌年に昭和が終わり、平成が始まる。

そのタイミングで書かれたこの文章からは、当時すでに外国人の増加が日常生活の中で実感されていたことが感じられる。最近になって外国人が急に増え始めたというような感覚を持つ方も多いかもしれないが、それと似たような感覚は随分と前から存在していたのだ。

だが、昭和の終わりから平成の終わりまで、この間何も変わらなかったわけではない。むしろ大きな変化があった。１９８８年に94・1万人だった在留外国人の数は、２０１８年（6月末時点）にはほぼ3倍近い２６３・７万人にまで増加した。先の文章ではスーパーで大根や豆腐を買っていた留学生たちも、いまやコンビニや居酒屋でアルバイトをする存在へと変化している。

さらに、２０１８年末の臨時国会では新たな在留資格「特定技能」の創設が決まった。日本で暮らし働く外国人が今後さらに増えていくことは間違いない。

ただ、同時に変わらなかったこともある。

それは、いまだに外国人や移民の存在を「新しい」もの、「異なる」ものとしてまなざすこの日本社会に一般的な感性である。「この新しい事態に日本人はとまどっている」――。大きく変化した現実に対して、私たちの感覚は追いつけていない。

日本では長らく「移民」という言葉自体がタブー視されてきた。日本は同じ言葉と文化、歴史を共有する「日本人」だけの国であることが当然とされてきた。今でもなお政府は「移民」という言葉を意図的に避け、まるで日本が一つの巨大な人材会社でもあるかのように、労働者たちを「外国人材」と呼んでいる。日本にはいまだに移民や外国人の支援や社会統合を専門とする省庁も存在しない。

日本は様々な課題の先進国だ。だがこと「移民」に関しては、欧米諸国の方が随分と早い。受け入れも、課題の発生も、そして解決策のトライアンドエラーも。

だが果たして「移民」はアメリカやヨーロッパだけの問題なのだろうか。中南米からアメリカへの移民。中東やアフリカからヨーロッパへの移民。それらと同じように、日本にもアジアや南米などからの「移民」とその子どもたちが暮らしているのではないだろうか。

私たちは言葉を通して社会を認識する。だからこそ、現実をまっすぐ見つめることを妨げる言葉があるなら、それらを新しい言葉で置き換えていかなければならない。

この国にも「移民」が存在し、取り組むべき「移民問題」が存在する。日本は「遅れてきた移民国家」である。建前と現実の乖離《かいり》を、そろそろ終わりにするべきではないだろうか。

ただし――。「移民」の否認は日本だけに固有の問題とも言い切れない。

私はこと「移民」に関しては「日本は遅れている」とか、「先進国の真似をしよう」と言ってさえすれば済む問題ではないとも考えている。日本がこれまで得意としてきた「追いつけ追い越せ」も、この領域では不十分にしか機能しないだろう。今のところ、外部からそっくりそのまま移植できる「正解」は存在していない。

だからこそ私たちは今考え始めなければならない。「移民」にどう向き合うかを。そして、「移民」を必要とし、同時に「移民」と生きていくことに困難を抱える「私たち」にどう向き合うかを。

日本に限らず、近代化と経済成長の「成功」に伴って平均寿命が延び、同時に出生率が低下した国はたくさんある。それはまず少子高齢化という「現実」として現れ、続いて労働者の不足という「問題」としても現れた。私たちが今「移民」というテーマを無視することができない根本的な理由の一つがここにある。

ドナルド・トランプ米大統領の当選、イギリスのブレグジット（EU離脱）、移民排斥を訴える政党「AfD（ドイツのための選択肢）」の台頭を許したドイツ――。「移民」はいまや先進国に普遍的な問題だ。

これまで数多くの移民を受け入れてきた欧米の先進諸国でこそ、経済停滞や人々の不安を移民の存在へと投影することで、デモクラシーの中で自らへの支持を集めようとする政治勢力が一つ、また一つと台頭を始めている。

アメリカでも、イギリスでも、フランス、ドイツ、イタリア、ハンガリー、ポーランド、オーストリアでも、欧米の先進諸国で台頭するほぼすべての「ポピュリスト」たちが「移民」を自らの主要な論点としてきた。

「移民」の排除はもはやニッチではないのだ。排外主義的な言説はいまや「選挙で勝てる」一つの王道的な戦術となり始めている。

ブルガリア出身の政治学者であるイワン・クラステフは、２０１７年の著書『アフター・ヨーロッパ（≒ヨーロッパ以後）』で次のように述べている――「移民の時代において、デモクラシーは包容ではなく、排除の手段として作用し始めつつある。欧州における多くの右派ポピュリスト政党の主要な特徴は、彼らが愛国的・保守的なのではなく、反動的であるということである[1]」。

クラステフの診断に一定の正しさを認めるとすれば、「移民の時代」においてはデモクラシーが包摂ではなく排除の手段となりつつある。そして、私が本書を書く理由は、日本もすでに「移民の時代」に突入しつつあることを認識し、デモクラシーを排除の手段としない道を考えるためだ。この社会の中で、自分を社会の一部と感じられない人たちを取り残さないためでもある。前からいた人も、新しく来た人もである。

私は普段、日本の移民文化や移民事情を伝えるウェブマガジン「ニッポン複雑紀行」の編集長を務めている。２０１７年から認定ＮＰＯ法人「難民支援協会」の方々と一緒に運営をはじめ、現在も毎月１本ずつくらいのゆっくりとしたペースで更新を続けている。

やろうとしていることは30年前に『「在日」外国人』の著者たちが試みたことと同じなのかもしれない。まだ１００人には程遠いが、日本で暮らす数多くの外国人、移民たちの声を一人ずつ聴き取り、伝えてきた。

「日本」と「移民」はどうにも食い合わせが悪い。政府は深刻な人手不足に苦しむ経済界からの要請に応じて、外国人労働者の受け入れをさらに拡大しようとしている。しかし、自らの政策については頑なに「移民政策ではない」と言い続けている。

ウェブマガジン「ニッポン複雑紀行」

日系人、技能実習制度、長期化する入管収容……。日本の移民問題をめぐる情報は様々なトピックに散り散りになっており、その全容をつかむことが非常に難しい。

そして、そのわかりにくさが一人

ひとりの市民をしてこの問題を把握し、あるべき政策や国の形について考え、議論することを難しくしてきた。

今この本を手に取る市井《しせい》の人々に必要なのは全体像だ。「日本の移民問題」を理解するには、「日本」に固有の文脈と、「移民」というテーマが普遍的に伴う問題の両方にバランス良く目を配る必要がある。そうすることで初めて、細かな論点や情報のいくつかをバラバラに知っているということではなく、アメリカやフランスがどんな移民国家であるかを知るように、日本がどんな国で、これからどんな移民国家になっていくのか、そのエッセンスをつかみ取ることができるのではないだろうか。

この国はすでに数え切れないほどの複数性と複雑さを抱え込んでいる。純粋無垢な「ひとつの日本」に戻ることはできないし、実のところ戻る場所など元から存在すらしなかったのだ。故郷《ホーム》は孤独に懐かしむものではなく、たまたま居合わせた人々と一緒になってつくっていくものだと思う。

今「私たち」とは何なのか。「日本」はどこから来てどこに向かうのか。「ふたつの日本」――本書はこの国に確かに存在する「移民」という現実について書いた本である。

なお人名はすべて敬称略とさせていただいた。

（1）クラステフ、イワン（庄司克宏監訳）『アフター・ヨーロッパ――ポピュリズムという妖怪にどう向きあうか』岩波書店、２０１８年（原著２０１７年）、17頁。なお訳書では「民主主義」とされているところを「デモクラシー」とした上で引用させていただいた。

目次

第1章　「ナショナル」と「グローバル」の狭間

増加する在留外国人

２０１８年末の臨時国会で、新在留資格「特定技能」を創設する出入国管理及び難民認定法（以下入管法）の改正と、法務省の外局として「出入国在留管理庁」を新設する法務省設置法の改正がスピード成立した。喫緊の「人手不足」に対応するため、政府は２０１９年４月から特定技能による外国人労働者の受け入れを開始し、最初の5年間の見込みとして最大34万５１５０人の受け入れを行うという方針を示した。

この法改正によって日本で働く外国人労働者の数がさらに増加することは間違いない。しかし、読者もお気づきの通り、日本にはすでに数多くの外国人が暮らしている。労働者に限っても２０１８年10月末の時点で約１４６万人。労働者以外の人々も合わせると２０１８年６月末時点でその倍に近い約２６４万人の外国人が存在し、その数は日本の全人口のおよそ２％に達している。

短期の「出稼ぎ労働者」がほとんどなのではと思われる方もいるかもしれない。しかし、実は更新不要な「永住権」を持つ外国人に限ってみても１００万人を超えている（在留資格「永住者」と「特別永住者」の合計で約１０９万人）。

同様に、戦前から日本で暮らす在日コリアンやその子孫などいわゆる「オールドカマ

図表 1-1　在留外国人数の推移

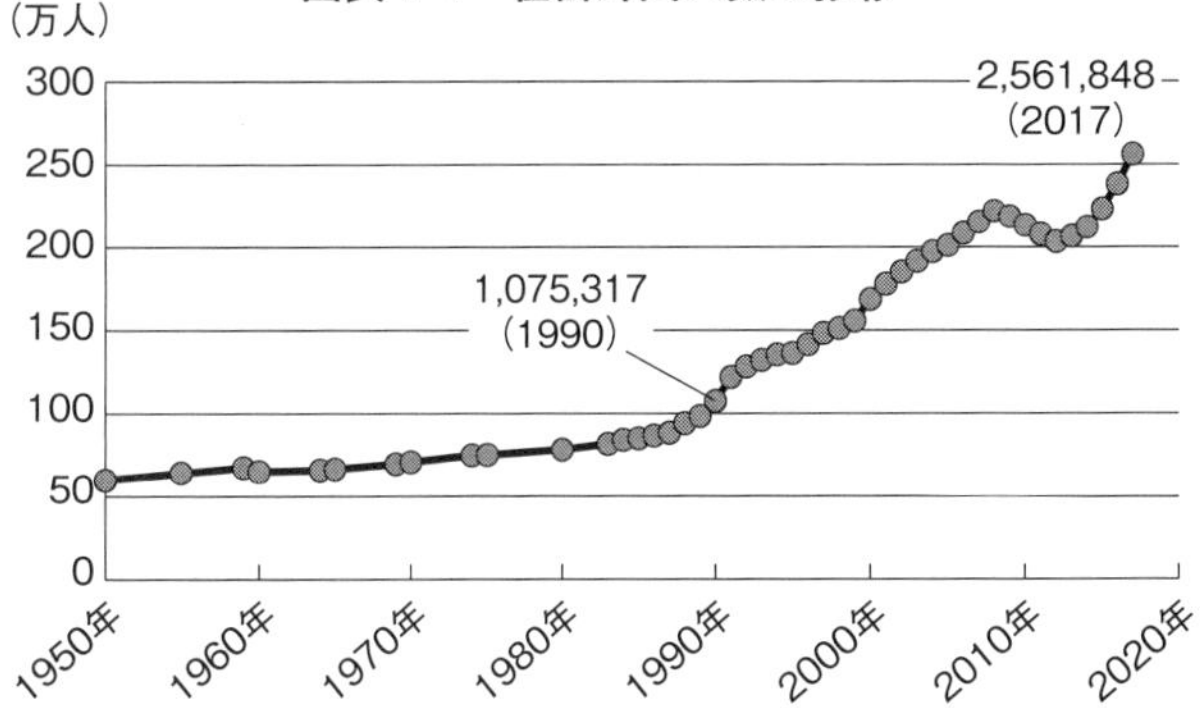

出典：在留外国人統計

ー」の人々が多いのではと思われる方もいるかもしれない。しかし、１９８０年代の半ばまで在留外国人全体の8割以上を占めていた韓国・朝鮮籍の人々は、現在では全体の2割未満にまで減少している。代わりに増えているのが、中国やフィリピン、ブラジル、ベトナムといった国々からの「ニューカマー」と呼ばれる外国人である。

戦後すぐの時期から２０１７年までの在留外国人数の推移をまとめたのが次のグラフである。なお２０１１年と２０１２年の間で法務省の在留外国人統計における統計の取り方が若干変わっているのだが、そこまで大きな差ではないのでそのまま並べていることに留意されたい。

グラフを見ればわかる通り、１９９０年前後を転機として在留外国人数の増加スピードが大きく変わっている。初めて100万人を超えたのもちょうど1990年のことだ。

単純計算になるが、1950年から1990年までは1年あたりの増分が約1・2万人であるのに対して、1990年から2017年までのそれはおよそ5・5万人である。二つの期間を比較すると、後者は前者の4〜5倍のペースで在留外国人が増えているという計算になる。しかも後者については2008年のリーマンショックを契機とする非常に大きな減少期も含んでなおこの数値なのだ。

2013年頃から現在に至る在留外国人数が再度上昇カーブを描く時期にしぼると、1年あたりの増分が12・4万人とさらに大きな値を示す。この時期と1990年以前の時期とでは増加のペースが10倍以上違う。日本は確かに1990年ごろまでは外国人の割合がとても少ない国だった。しかし、1990年代に入って以降、特にここ数年の外国人の増加スピードは相当のものとなっている。

なぜここまで急激に在留外国人が増えたのか。もちろん人口構成上の要因は大きい。日本の生産年齢人口（15〜64歳）は1995年にピークアウトしている。だが、総人口がピークアウトしたのは2008年だ。二つの間には15年近いタイムラグが存在する。働ける人数の方が全体の人数より早く減り始めたために、構造的に労働力不足が発生している。この傾向が近い将来に大きく変わることはなく、むしろバランスはより悪化していく。

このギャップを埋め合わせるために女性や高齢者の労働力化が「活躍」の名のもとで急速に進められてきた。同じ流れの中に急激に増え続ける外国人労働者たちの姿もある。

日本は世界第4位の移民大国？

こうした在留外国人の増加に関連して、最近になって日本がいつの間にか「世界第4位の移民大国」になっているのだという趣旨の記事がいくつも見られた。しかし、様々な意味で誤解を招く情報だ。日本には確かに多くの「移民」がいるが、過大に見積もりすぎるのは良くない。

いずれの記事もが参照していたのがＯＥＣＤ「国際移住データベース」における「外国人人口の流入数」に関する２０１５年の統計である。対象国はＯＥＣＤ加盟の36ヵ国とロシア。この同じ統計を見てみると、日本の順位は4位ではなく7位である。上位10ヵ国の順位はアメリカ、ドイツ、オーストラリア、カナダ、イギリス、ロシア、日本、韓国、スペイン、フランスと続く。

日本を4位としている記事群はまずなぜかロシアを除外している。さらに、アメリカ、オーストラリア、カナダという「伝統的な移民国家」についてのみ統計上分けてカウントされている「永住移民」と「一時移民」のうち、前者だけを数えているようだ。結果として、オーストラリア、カナダ、ロシアより日本が上位だとしているわけだが、その整理は端的に間違っている。

では、日本が「世界第7位の移民大国」であるとは言えるのだろうか。これについてもいくつもの留意が必要だ。まず、この統計の対象国は先進国を中心とする37ヵ国だけである。加えて「流入数」というのは一時的な「フロー」の数値であり、蓄積量を示す「ストック」の数値ではない。

OECDによるストック(国内の外国籍の人口)についての統計もあるので見てみよう。実はこちらの順位でも日本は2015年で7位にランクインしており(カナダのデータが欠けているので実際には8位なのだが)、アメリカ、ドイツ、イギリス、イタリア、スペイン、フランス、日本、スイス、ベルギー、オーストラリアと続く。日本の移民は瞬間風速的な「フロー」が多いだけでなく、「ストック」でも先進国有数の数になっている。

しかし、日本が欧米の「移民国家」と異なるように感じられるのには理由がある。日本は他国と比べて外国人が総人口に占める割合が小さいのである。この調査によると、ドイツの10・1％やイギリスの8・6％、アメリカの6・9％に比べて日本は1・7％しかない。外国人の人数が多いのに人口に占める割合が小さいのは、日本が人口の多い国だからだ。ストックの上位10ヵ国で日本より人口が多いのはアメリカだけである。

しかし、今の勢いで外国人の流入（フロー）が続けば、外国人人口（ストック）が総人口に占める割合も継続的に増加していくことは間違いない。なぜなら日本人の人口は減少し続けるからだ。現在は約1・25億人の総人口に対して260万人強の外国人人口がいるため外国人の割合は2％程度である。これが仮に総人口1億人と外国人人口500万人の組み合わせになれば後者の割合は5％となり、現在のアメリカやフランス（6・8％）に近い水準になる。

なお、国立社会保障・人口問題研究所の推計では日本の人口が1億人を割り込むのが2050年前後。対して外国人人口は2012年から2017年までの5年間で50万人以上増加して300万人へと近づいている。「総人口の5％が外国人」という将来像が決して絵空事ではないことがわかるだろう。そして、その頃には日本国籍を持ちつつ同時に多様なルーツを持つ人々の割合も今よりさらに増えているはずだ。

「移民」の否認と現実

しかし、外国人の受け入れ拡大を進める政府自身からこうした未来のビジョンが語られることはない。むしろ日本はこれからも変わらず純粋な「日本」であり続けるのだというアピールの方が目につくぐらいである。

特定技能を創設する入管法改正が成立した2018年末の臨時国会における安倍首相の言葉をいくつか引いてみよう。

「いわゆる移民政策をとる考えはない。深刻な人手不足に対応するため、即戦力になる外国人材を期限付きで受け入れるものだ」(1)

「国民の人口に比して、一定程度の規模の外国人やその家族を期限を設けることなく受け入れ、国家を維持する政策は考えていない」(2)

「混同されたら困る。永住する人がどんどん増える移民政策はとらないと、今まで再三言っている通りだ。混同しないでほしい」(3)

これらの言葉から読み取れるとおり、政府のスタンスでは「移民」とは「永住する外国人」を指すようである(4)。その反対は「永住しない外国人」、典型的には「いつか帰る出稼ぎの外国人労働者」のことだ。政府の外国人受け入れ促進策は、永住者を増やさずに、出稼ぎ労働者を増やしたいと言っているに等しい。こうした政策を「ローテーション政策」ともいう。

これまで日本の外国人政策を作ってきた自民党政権は、「保守」と「財界」の両方に支持基盤を持ち、外国人の受け入れについても両者の間でバランスを取ることに腐心してきた。長期的に生産年齢人口が減少する中で、短期の外国人労働者のみの受け入れを志向し、家族の帯同を伴う長期的な定住を忌避してきた。そのスタンスを暗に示すために生贄のような扱いを受けてきたのが「移民」という言葉である。

(少なくとも客観的には)ある人間が「移民」であるかどうかは、あくまで定義の問題に過ぎない。国際的、学術的に定まった「移民」の定義があるわけではなく、1年以上滞在する外国人、更新回数に上限がない在留資格を持つ外国人、永住権を持つ外国人など、様々な定義がある。だからどの定義を選ぶかによって日本にいる「移民」の数は変わってしまうし、定義の選択それ自体が政治性を帯びる。

図表 1-2　在留資格「永住者」「特別永住者」の推移

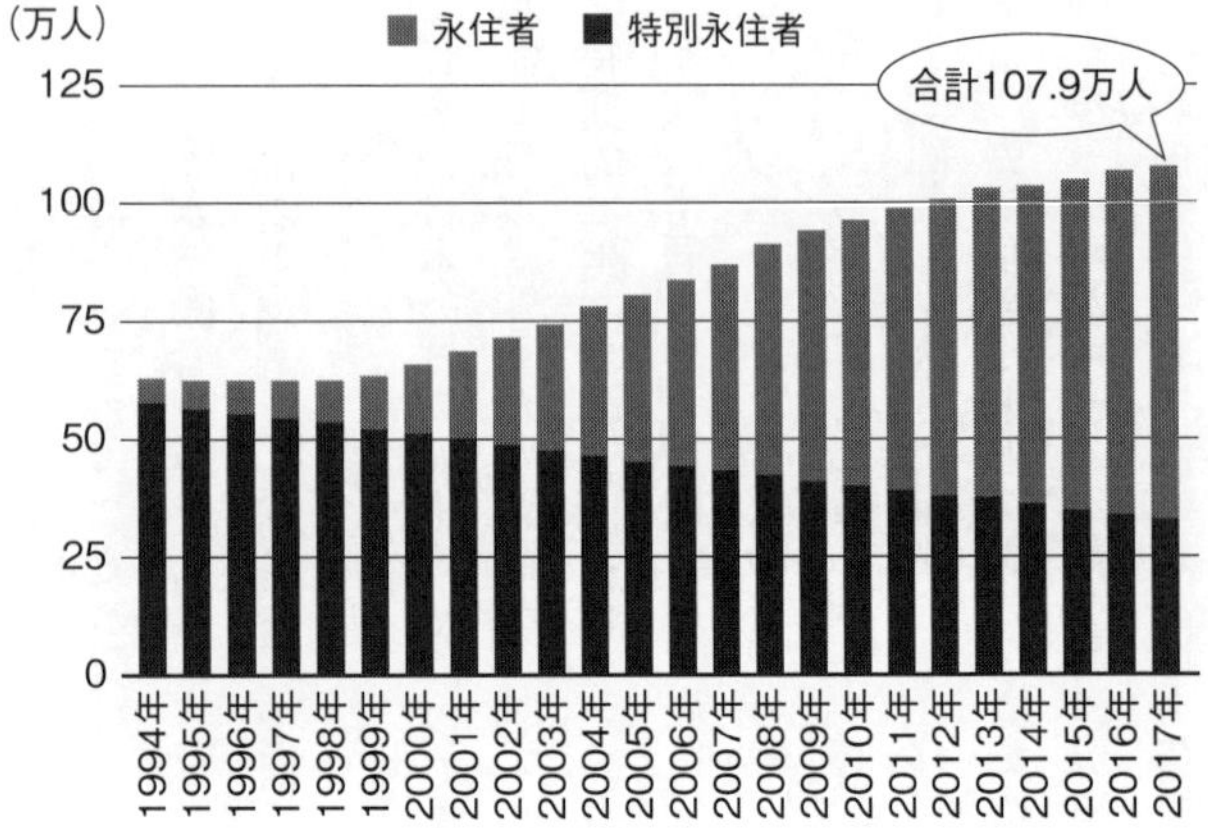

出典：在留外国人統計

したがって、どんな政治的立場に立つのであれ、大切なのは政治的な言葉遊びに惑わされずに現実を見ることだ。現実はといえば、どの定義を選ぶのであれ、日本に「移民」は存在するし増え続けている。「移民」ではない、「移民政策」ではない——どんなにその呪文を唱えても、この現実自体が変わることはない。

最もわかりやすいのは、政府自身の「移民」の定義に最も近い「永住する外国人」の数の推移を見ることだ。日本では、永住権を持つ外国人の在留資格は二つに分かれる。戦前の植民地統治に由来を持つ「特別永住者」と、それ以外の「(一般) 永住者」だ。

近年は前者の数が漸減するなかで、後者がその減少を補ってあまりあるスピードで増加している。１９９２年に４万５２２９人しかいなかった（一般）永住者の数は、25年後の２０１７年には16倍以上の74万９１９１人となった。

政府が公表している「永住許可に関するガイドライン」によれば、永住権の申請には原則として10年以上の在留が条件となる（例外あり）。日本で長く暮らし、永住権を取得する外国人が増え続けている。彼らを「移民」と呼ぶか否かに関わらず、これは現実である。

ある日系人夫婦の話

私が出会ったとある日系ペルー人の夫婦の話をしたい。現在50代後半の彼らはまだ20代だった１９９０年頃に来日し、人材派遣のブローカーに斡旋されて神奈川県の自動車工場で働いていた。時給制で週に6日働き続ける日々。周りは自分たちと同じような南米日系人ばかりでなかなか日本語を覚える機会もなく、会社側が用意した通訳と一緒に銀行や買い物に行っていたという。

彼らは日本で出会って結婚し、その後2人の娘をもうける。日本は「出生地主義」ではなく「血統主義」で国籍を付与するので娘たちもペルー国籍だ。だが彼女たちは日本生まれで日本育ちなので日本語の方が得意である。夫婦は二人とも最初は1年間の出稼ぎのつもりだったという。しかし、雇用契約を更新し、在留資格を更新し、永住権を取得し、いつの間にか30年近くの日々が経っていた。その間ペルーに帰れたのはわずか2回である。

彼らは今も日本語がそれほど得意ではない。私が話を伺ったときも、スペイン語での通訳を介してのことだった。日常的に関係性のある日本人の友人は一人もいないが、同じ日系ペルー人同士のコミュニティがあり、人間関係はそのコミュニティの内部でほぼ完結しているのだという。

この夫婦の例が象徴しているように、最初は「出稼ぎ労働者」のつもりでも、いつの間にか定住する「移民」になっていたというケースはいくらでも存在する。彼らに「いつ日本に住み続けることを決めたのですか?」と聞いてみると、妻からは「娘が生まれたとき」という答えが返ってきた。

そもそもこうした人生の予測不可能性は外国人に限った話ではまったくない。

例えば、私は今いる街に10年近く住んでいるが、住み始めた頃にこれほど長く住み続けるとは思ってもいなかった。そして、これからまだ人生が続くとして、例えば2年後、3年後に自分がどこに住んでいるのかを予想することも簡単ではない。いつ誰と家族をつくるか、どんな仕事につくか、自分を取り巻く様々な環境の影響で、誰にとっても住む場所は変わったり変わらなかったりするものだと思う。

ましてや10代や20代で来日する外国人の気持ちになって考えてみてほしい。どこに住むか、誰と住むか、どこで働くか、誰と働くか、それらが合理的に、計画的に、人間の「自由な意思決定」によって決定されていると考えるのは間違っている。人間はもっと複雑で曖昧な生き物だ。

「いつかは帰る」と高をくくってその存在を無視していれば、帰らなかった、帰れなかった人々が一人また一人と日本に定住していく。それはすでに現実に起きていることだし、これからも変わらず起きていくことだろう。

社会との「統合」

外国人労働者を受け入れることは、鉄や小麦を輸入することとは違う。外国人はモノではなく人間だ。国籍が日本であれ、別の国であれ、人間である限り私たちはみな似たような問題に直面する。労働、教育、医療、社会保障、様々な問題に直面する。

加えて、外国人であることによって、彼らは「言葉」に関する数多くの課題に向き合わざるを得ない。人間をモノのように輸入することなどできないのだ。

「移民」がその存在自体を否認されたこの国では、外国人にとって必要なケアが十分に行き届いていない。外国人労働者の失業率や非正規雇用の割合は日本人よりも高い。外国人の子どもたちの不就学率や高校中退率の高さなど、課題を把握し、適切な対応策を講ずべき分野が山ほど存在するのだ。

図表 1-3　MIPEX2015 項目別の日本の順位

全体	27 位
労働市場の流動性 Labour Market Mobility	15 位
家族再結合 Family Reunion	20 位
教育 Education	29 位
健康 Health	16 位
政治参加 Political Participation	23 位
永住 Permanent Residence	20 位
国籍取得 Access to Nationality	23 位
反差別 Anti-Discrimination	37 位

出典：MIPEX

２０１５年の「ＭＩＰＥＸ（移民統合政策指数）」という国際比較においても、日本は調査対象38ヵ国中の27位と低く評価されている。外国人と既存の社会とを「統合」するための政府の取り組みは不十分で、各地の自治体や支援団体任せにされてきた面が大きい。

外国人をモノではなく「人」として扱うのには相応のコストがかかる。それは、日本人を「人」として扱うのにコストがかかるのと同じことだ。移民の「統合（integration）」が語られるが、「統合」が必要なのは外国人やその子どもたちだけではない。当たり前すぎて気づきづらいだけで、社会統合の装置はこの社会のいたるところに埋め込まれている。

なぜ「日本人」は漢字が読めるのだろうか。なぜ九九を暗記しているのだろうか。それは、公教育のプロセスを通じて、子ども時代の私たちが自分が生まれるより前からある社会の中へと意図的に「統合」されてきたからだ。「日本人」たちが日本のどこに生まれても「標準語」を理解し、一定の「常識」や「マナー」を共有し、消費者として、労働者として、日本社会に統合されている——これは作為の結果であって自然なことではない。

移民の「統合」については、同化主義か多文化主義かという対比で語られることも多い。それは、子どもを既存の社会に合わせる教育をするのか、一人ひとりの個性に合わせた教育をするのかという対比にも似ている。どちらの道を選ぶにせよ、社会がそのために必要なコストを払うことに変わりはない。

ドイツ出身でアメリカに亡命した哲学者のハンナ・アーレントが言うように、「教育」の本質は新しい人間が古い世界の中に生まれてくるという事実のうちにある(5)。古い世界は子どもという「新参者」を統合するために教育を行うわけだが、同じように移民という

「新参者」にも統合の試みが必要だ。繰り返すが「統合」＝「同化」ではない。少数派に同化を迫らない形を志向するとしても、統合の課題そのものがなくなるわけではない。

だが日本はまだ同化主義か多文化主義かという分岐点にすらたどり着けていない。日本で何十年も暮らしているのに日本語がおぼつかず、日本で生まれ育った自分の子どもとすら十分に会話ができない外国人の親たちの姿。彼らには一体どんな「支え」が必要だったのだろうか。なぜこの社会はその「支え」を提供することに失敗してきたのだろうか。

トルコ出身の政治学者であるセイラ・ベンハビブは外国人への政治的な成員資格の付与について「永遠によそ者であることは、自由民主主義的な人間共同体の理解と両立しない(6)」と書いた。この言葉は、成員資格の付与だけでなく、むしろそれ以上に社会統合のテーマにこそ関わる。

「統合」の不在は、移民を受け入れて変わっていく自分の姿を認められない社会の自己認識の問題でもあり、同時に統合にかかるコストから目を背け続ける社会経済的な問題でもある。統合の課題から目を背けることは、移民たちの個人的な苦境を帰結するだけでなく、長期的には受け入れる側の多数者にとっても得るのことのない社会的な分断を準備してしまうだろう。

交錯する「ナショナル」と「グローバル」

ある国家がある人々をある仕方で移民として受け入れる。そのあり方はどのようにして決まるのだろうか。そこには国家を取り巻くいくつかの力学がある。

一つめは「経済」の力学だ。企業や産業の必要に応えるために外国人の「労働者」を受け入れるということである。外国人の視点から見れば、出身国で働くより多くの賃金を得るために豊かな国へと移住するという形が典型的だ。

二つめは「民族」の力学だ。民族同士のつながりを根拠に外国人の「同胞」を受け入れるということである。日本が日系人を受け入れているケースはこの典型であるし、例えばイスラエルが世界中のユダヤ人に門戸を開いているのも同様だ。

三つめは「人権」の力学である。普遍的な人権を根拠に外国人、つまり外国出身の「人間」を受け入れるということである。自国にいられない難民を受け入れることもそうだし、外国人労働者に家族呼び寄せを許可することもそうである。

経済には労働者が、民族には同胞が、そして人権には人間が対応する。国家はこれら様々な力学（経済、民族、人権）の作用や制約を受けながら自らの主権を行使する。

国家が主権を持つということは、やりたい放題ということでも、何も自由がないということでもない。交錯する「ナショナルな論理」と「グローバルな論理」との間には常に綱引きがある。ある国における移民の存在やその処遇の具体的なあり方はそうした綱引きの結果として生じている。

現在最も強力に働いている力学は「経済」だろう。国家は経済を無視することができない。なぜなら国家は経済から生み出される富の分配なくして存続できないからだ。国家の側からすれば国籍の有無は重要な区別であるが、企業にとっては必ずしもそうではない。企業はグローバルな視点で、生産活動に必要なモノ、カネ、ヒトを最も効率的に得るための方法を考える。そして、国家が持つ外国人の入国や滞在に対する規制が邪魔であればその緩和を要望する。

だが、国家が「経済」的な理由で受け入れを決めた移民に対して、「人権」の観点に立って国民と同じだけの権利を保障するとは限らない。むしろ、国家はナショナルな同一性や連帯の枠組みから移民たちを陰に陽に排除することも多い。あるいは、同じ外国人の中でも「民族」的に共通の人々を優遇することもある。先に見た通り、それはナショナルなアイデンティティの問題であり、統合のコストに関わる社会経済的な問題でもある。

ナショナルな枠組みからの排除は様々な形を取る。国籍取得を厳格化することもそうだし、医療や年金など社会保障システムの対象外とすることもそうだ。例えば、日本では外国人同士の子どもが出生によって日本国籍を取得することはできない（血統主義）し、外国人は生活保護の仕組みの対象外とされている（ただし永住者など一部には準用されている）。

重要なのは国家が人々の権利保障のほぼ唯一の担い手であるということだ。だからこそ、「ナショナル」と「グローバル」との狭間で、移民たちは様々な権利保障の範疇外に置かれてしまうリスクを抱えている。「労働者」や「同胞」としての受け入ればかりが先行し、「人間」としての権利保障や社会的包摂の試みがおざなりになってしまうのだ。

日本政府が「ローテーション政策」を志向するのはこうした「面倒ごと」から目を背けるためだ。理想としての「単身で、健康で、いつか帰る外国人労働者」。しかし、類似の方向性を志向した戦後のドイツやフランスといった国々は、1970〜80年代にかけて出稼ぎ労働者たちによる予期せぬ大規模な定住と家族の呼び寄せを経験した。そして、定住を見据えた社会統合政策の準備に大きな遅れを出してしまったのだ。

結局「移民」から「人間」を省略することなどできはしないのだ。にもかかわらず彼らを「ナショナル」と「グローバル」の狭間に放置し続けるのであれば、それは社会統合の失敗として必ず受け入れ社会側にも跳ね返ってくる。日本がこの課題に直面すべきタイミングは今である。もう先延ばしにはできない。

（1）「衆院代表質問：入管法改正案に首相 移民政策とる考えない」毎日新聞 ２０１８年10月29日 https://mainichi.jp/articles/20181030/k00/00m/010/072000c
（2）同右
（3）「移民、目を背ける首相　外国人の新在留資格案２日に閣議決定 定義曖昧、進まぬ論議」西日本新聞 ２０１８年11月２日 https://www.nishinippon.co.jp/feature/new_immigration_age/article/462334/
（4）２０１６年の自民党内のプロジェクトチームによる「移民」の定義も参照。「『移民』とは、入国の時点でいわゆる永住権を有する者であり、就労目的の在留資格による受入れは『移民』には当たらない」自由民主党政務調査会・労働力確保に関する特命委員会「『共生の時代』に向けた外国人労働者受入れの基本的考え方」２０１６年５月24日 https://www.jimin.jp/s/news/policy/132325.html
（5）アーレント、ハンナ（引田隆也・齋藤純一訳）「教育の危機」『過去と未来の間』みすず書房、１９９４年（原著１９６８年）
（6）ベンハビブ、セイラ（向山恭一訳）『他者の権利――外国人・居留民・市民』法政大学出版局、２００６年（原著２００４年）、３頁

第2章　「遅れてきた移民国家」の実像

国際人口移動転換

「移民（migrant）」はその〝向き〟によって二つの概念に分けられる。自国から外国へと移住するのが「出移民（emigrant）」で、その逆に外国から自国へと移住するのが「入移民（immigrant）」である。世界の国々の間には大きな経済格差があり、一般的には、より貧しい国からより豊かな国へと人が移動する傾向がある。

貧しい国から豊かな国への移民は、自国の家族への送金を目的とする出稼ぎ労働者であったり、豊かな国の大学で学びたい留学生であったり、家族と共に定住を目指す者であったりする。そして、ある国の経済が発展するにつれて、出移民の方が多い状態（移民送り出し国）から、入移民の方が多い状態（移民受け入れ国）に転換すると、移民によって人口が社会的に増加していくことになる。この転換のタイミングを「国際人口移動転換（migration transition）」という。

国立社会保障・人口問題研究所の是川夕によれば、在日コリアンを中心とする旧植民地出身者を除く在留外国人の数が在外邦人の数を抜いたのが1994年のことである(1)。つまり、その時期までは日本を出国する「日本人の移民」の方が、日本に入国する「外国人の移民」よりも多かったということだ。日本は戦後急激に経済成長を遂げたが、ほんの数十年前までは移民送り出し国だったのである。

政府が発表した2018年6月末時点での在留外国人数は263万7251人である。法務省による「在留外国人」の定義からは観光やビジネスなど短期（3ヵ月以下）の在留資格を持つ者、外交・公用の在留資格を持つ者、またいずれの在留資格も持たない「非正規滞在者」などが除外されている。2012年末の在留外国人数が203・4万人であるから、ここ数年で著しく増加していることがわかる。

移民を多く受け入れている国の中にはアメリカやカナダ、オーストラリアのように、国家の成り立ちからして「移民国家」であるような国々もあれば、第2次大戦後に多くの外国人労働者を導入し、のちに大規模な定住化が進んだ独仏などのヨーロッパ諸国もある。

こうした先進諸国との比較の中で眺めると、日本がある程度の規模で外国人の受け入れを始めた1980年代後半というのはかなり遅い時期にあたる。

本章では政府が公表している様々なデータを読み解くことで、「遅れてきた移民国家」としての日本の現在地点を大まかに理解することを試みたい。このあと出身国や在留資格など様々なカテゴリーごとに整理した数字の話が続くが、そこでカウントされる「1」というのはあくまで一人の生身の人間のことである。そのことを念頭に置きながら記述することを試みたし、ぜひ一人ひとりを想像しながら読んでいただけたら嬉しい。

出身国別の順位

最初に出身国別の順位を見てみよう（2018年6月末）。上位5ヵ国で全体の73・9%、上位10ヵ国で全体の85・4%を占めている。出身国の数は194ヵ国（+無国籍）でほぼ世界中のすべての国々をカバーしている。

1位：中国（74万1656人、28・1%）
2位：韓国（45万2701人、17・2%）
3位：ベトナム（29万1494人、11・1%）
4位：フィリピン（26万6803人、10・1%）
5位：ブラジル（19万6781人、7・5%）
6位：ネパール（8万5321人、3・2%）
7位：台湾（5万8456人、2・2%）

8位：米国（5万6834人、2・2％）
9位：インドネシア（5万1881人、2・0％）
10位：タイ（5万1003人、1・9％）
上位5ヵ国合計（194万9435人、73・9％）
上位10ヵ国合計（225万2930人、85・4％）

まず言えることは中国の存在感が圧倒的であるということだ。たった一国で全体の3割近くを占めている。

中国を筆頭に、上位10ヵ国のうち米国とブラジルを除く8ヵ国がアジア諸国である。実際のところ、在留外国人全体の8割以上をアジア地域（中東を含む）の出身者が占めている。逆にヨーロッパやアフリカ、オセアニアの国々は上位10ヵ国に一つも入っていない。なかでも上位国への集中度合いはかなり大きく、中・韓・ベトナムの3ヵ国で全体の半分以上、そこにフィリピンとブラジルを加えた上位5ヵ国で全体の4分の3近くを占める。上位10ヵ国で85・4％だ。

次にこの5大出身国とその他という形でまとめた在留外国人数の推移を見てみよう。な

図表 2-1　在留外国人数の推移（国籍別）

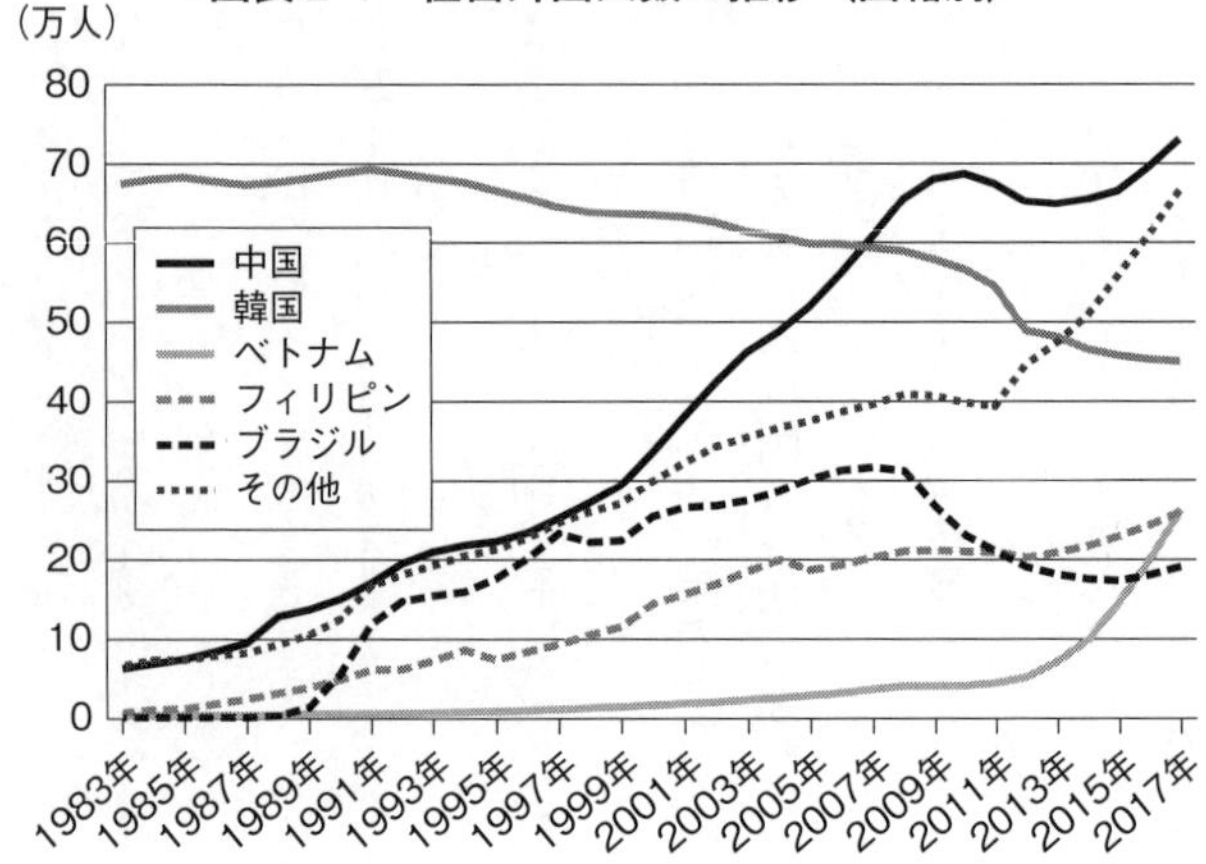

出典：在留外国人統計

おこのグラフ上での「中国」には2011年まで台湾なども含まれており、同じく「韓国」には2011年まで朝鮮が含まれていることに留意されたい。

1980年代には在留外国人のほとんどが韓国・朝鮮出身者であった。この頃は中国出身者の規模もまだまだ少ない。

1990年前後の転換期以降は、中国やフィリピン、ブラジルの出身者が一気に増えていく。対照的に、韓国・朝鮮出身者の数は漸減していく。中国が韓国・朝鮮を抜いて1位に躍り出たのが2007年のことだ。

日系人とその家族がほとんどを占める在日ブラジル人の数は2008年をピークに

急降下している。これはリーマンショックの影響で製造業を中心に働いていた南米日系人の多くが解雇され、帰国を余儀なくされたからである。

現在3位のベトナム人が増えたのはつい最近のことにすぎない。具体的には2012年ごろから増加の角度が一気に変わっており、ベトナム人の留学生や技能実習生が大幅に増加している。

同じく2012年ごろから「その他」のカテゴリーが急伸していることにも注目したい。上位5ヵ国以外の「その他」が占める割合は2012年に初めて20%を超えており、その後も続伸して2017年には26・0%となっている。例えば近年は在日ネパール人の留学生が急増しているが、こうした変化を通じて在留外国人の多様化や多国籍化が年を追うごとに進んでいる実態が見えてくる。

在留資格の種類

次に在留資格の種類別の状況を見ていこう（2018年6月末）。日本には「短期滞在」や「外交」、「公用」など「在留外国人」の統計にカウントされないものを除いて現在26の在留資格があるが、26だとあまりに多すぎるので、それらを五つのカテゴリーへと整理する。

なお2019年4月に新設される「特定技能」は当然まだこの分類には含まれていない。

1位：身分・地位（145万237人、55・0％）※五つの在留資格の合計
2位：専門・技術（33万3860人、12・7％）※15の在留資格の合計
3位：留学（32万4245人、12・3％）
4位：技能実習（28万5776人、10・8％）
5位：家族滞在（17万4130人、6・6％）
五つのカテゴリー合計（256万8248人、97・4％）
その他：文化活動、研修、特定活動（6万9003人、2・6％）

「身分・地位」と「専門・技術」については複数の在留資格の集合になっているので解説する。

「身分・地位」と「専門・技術」の在留資格群

まず、「身分・地位」の在留資格群だが、これは「身分又は地位に基づく在留資格」を

わかりやすく省略したもので、55・0％と全体の半数以上を占めることが最大の特徴だ。「特別永住者」、「永住者」、「日本人の配偶者等」、「永住者の配偶者等」、「定住者」という五つの在留資格が含まれる。「永住者」が最多の75・9万人で、「特別永住者」の32・6万人と合わせると永住権を持つ外国人の数は108・5万人にのぼる（「身分・地位」カテゴリーの75％、在留外国人全体の41・2％）。

図表2-2　身分又は地位に基づく在留資格

永住者	759,139人
日本人の配偶者等	142,439人
永住者の配偶者等	36,562人
定住者	185,907人
特別永住者	326,190人

出典：在留外国人統計（2018年6月末）

「身分・地位」の在留資格群はその更新に制限がなく、日本での活動に関する制限もない。つまり、どんな仕事に就くことも可能だし、逆に仕事がなくても日本に滞在することが可能である。「配偶者等」という言葉には配偶者だけでなく子どもも含まれる。「定住者」の在留資格は1989年の入管法改正で創設されたもので、ブラジルやペルーなど南米を中心とする国々からの日系人に対して数多く付与されてきた。

在留外国人の半数以上が、更新可能で就労先や留学先といった特定の組織との結びつきを必要としない「身分・地位」の在留資格群のいずれかを持っている。彼らの多くは日本人

図表 2-3　専門的・技術的分野の在留資格

教授	7,484 人
芸術	447 人
宗教	4,361 人
報道	231 人
高度専門職（1 号イ・ロ・ハ、2 号）	9,567 人
経営・管理	25,099 人
法律・会計業務	150 人
医療	1,966 人
研究	1,534 人
教育	11,769 人
技術・人文知識・国際業務	212,403 人
企業内転勤	17,176 人
介護	177 人
興行	2,275 人
技能	39,221 人

出典：在留外国人統計（2018年6月末）

か外国人の家族と暮らしていると考えられ、外国人の「定住」について考える際には真っ先にその対象となる人々である。「日本は移民を受け入れるべきか否か」式の問いの立て方はとうの昔に時代遅れになっているのだ。

次に、五つのカテゴリーの中で2番目に多い「専門・技術」の在留資格群は、「専門的・技術的分野の在留資格」と一括りにされる就労目的の15の在留資格の総称を省略したものだ。これら以外に「就労」を表向きの目的とした在留資格は日本に存在しない。「留学」も「技能実習」も表向きは就労目的の在留資格ではないからだ。

「専門・技術」の中で最も人数が多いのが「技術・人文知識・国際業務」という在留資格で、「専門・技術」全体の6割以上を占める。ほかに数が多いものとしては、「技能」（≠技能実習）や「経営・管理」、「企業内転勤」、「教育」、「高度専門職」などがある。

五つのカテゴリーの関係性

これら五つのカテゴリーの関係性をわかりやすく図示してみよう。

五つの中では「身分・地位」カテゴリーの在留資格群が相対的に最も安定しており、いわゆる日本へ

図表2-4　主な在留資格カテゴリー間の関係性

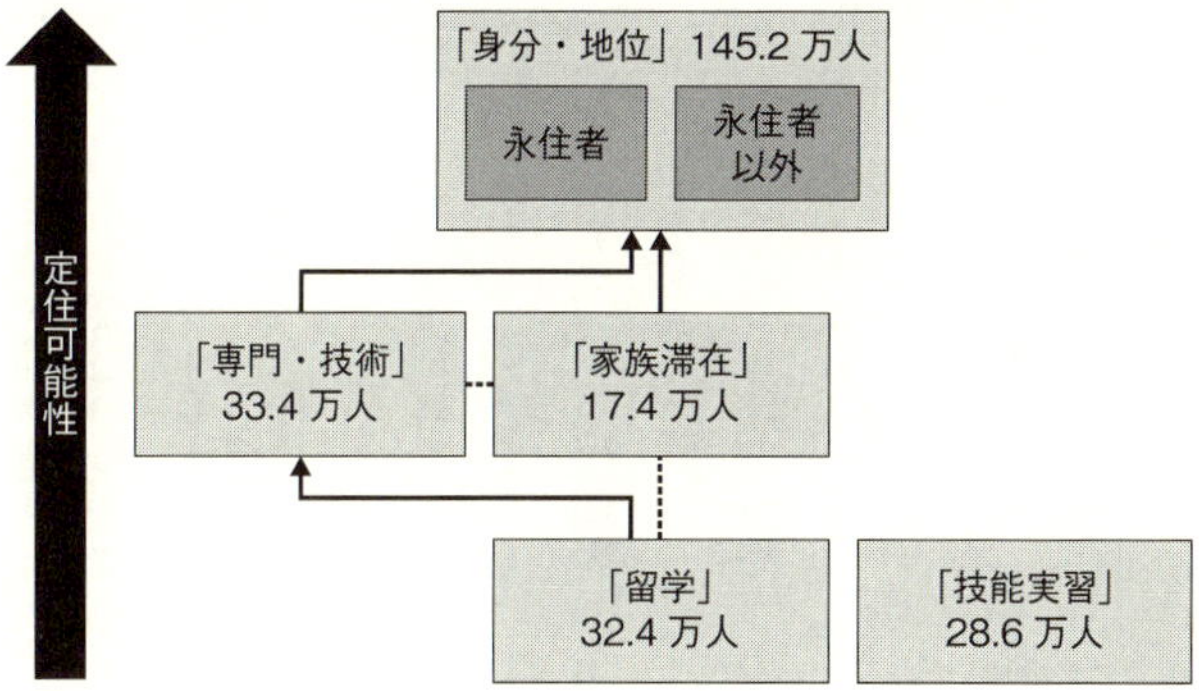

の「定住」の可能性が最も高いと言えるだろう。ただし、例えば日本人や永住者の「配偶者等」の在留資格は結婚や親子関係に依存しており、離婚リスクが在留資格の喪失に直結する（ゆえにDV等の被害にあっても離れづらい）ため一概には言えないということも付言しておく。なお、ここでいう定住可能性の「可能性」とは定住する確率のことではなく、定住しようと思えばできるかどうかの話であると理解いただきたい。

「身分・地位」の次に安定性が高いのが「専門・技術」カテゴリーの在留資格群である。「専門・技術」カテゴリーは当該分野の仕事さえあれば在留を続けることができる。また、「家族滞在」の多くは「専門・技術」の在留資格を持つ者の扶養を受ける配偶者と子どもに付与されている（留学生の配偶者や子どもも家族滞在の対象だが審査がより厳しい）。

「留学」では学校に所属している間のみ在留することができ、卒業後に「専門・技術」のいずれかの在留資格に切り替えて日本で就労するケースも少なくない。なお、「留学」や「家族滞在」では「資格外活動」として原則週28時間までの就労が認められている。

「技能実習」はその他の4カテゴリーとは違って離島のような存在だ。最長5年の在留期間の後に帰国することが前提となっており、家族を呼び寄せることもできない。定住から最も遠ざけられたカテゴリーだと言えるだろう。

詳細は後述するが、2019年4月に新設される「特定技能」の意義についてもこの全体像との関係で簡単に触れておきたい。先の図に「特定技能」を書き加えてみよう。

「特定技能」は六つめのカテゴリーとして機能する。その重要な役割は、「技能実習」とその他の在留資格をつなぐことで前者の離島的な状況を解消することだ。

「特定技能」は特定技能1号と特定技能2号の2段構えになっているが、それによって「技能実習」（や「留学」の）後も日本に残って就労することが可能になるだけでなく、2号にまで進むと家族の呼び寄せも可能になる。さらに2号は更新回数に上限がないので永住権の取得も視野に入ってくる。

「特定技能」の新設が持つ意味の大きさについて、

図表2-5　新設される「特定技能」の位置付け

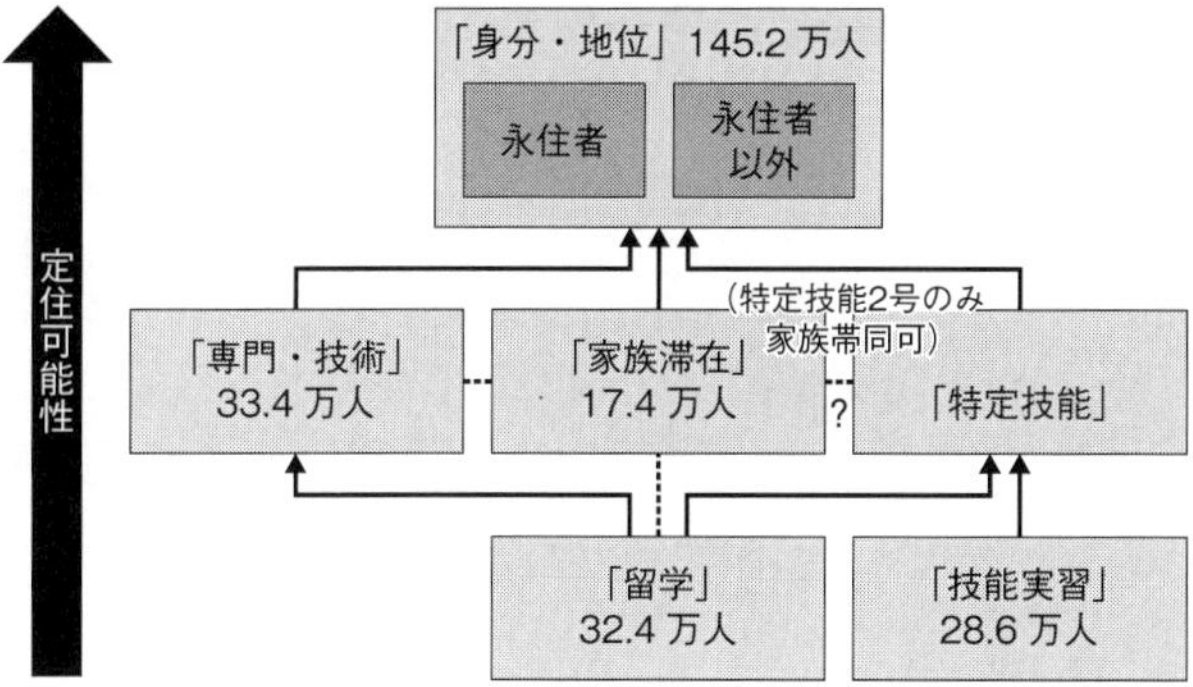

図表2-6　在留外国人数の推移（在留資格カテゴリー別）

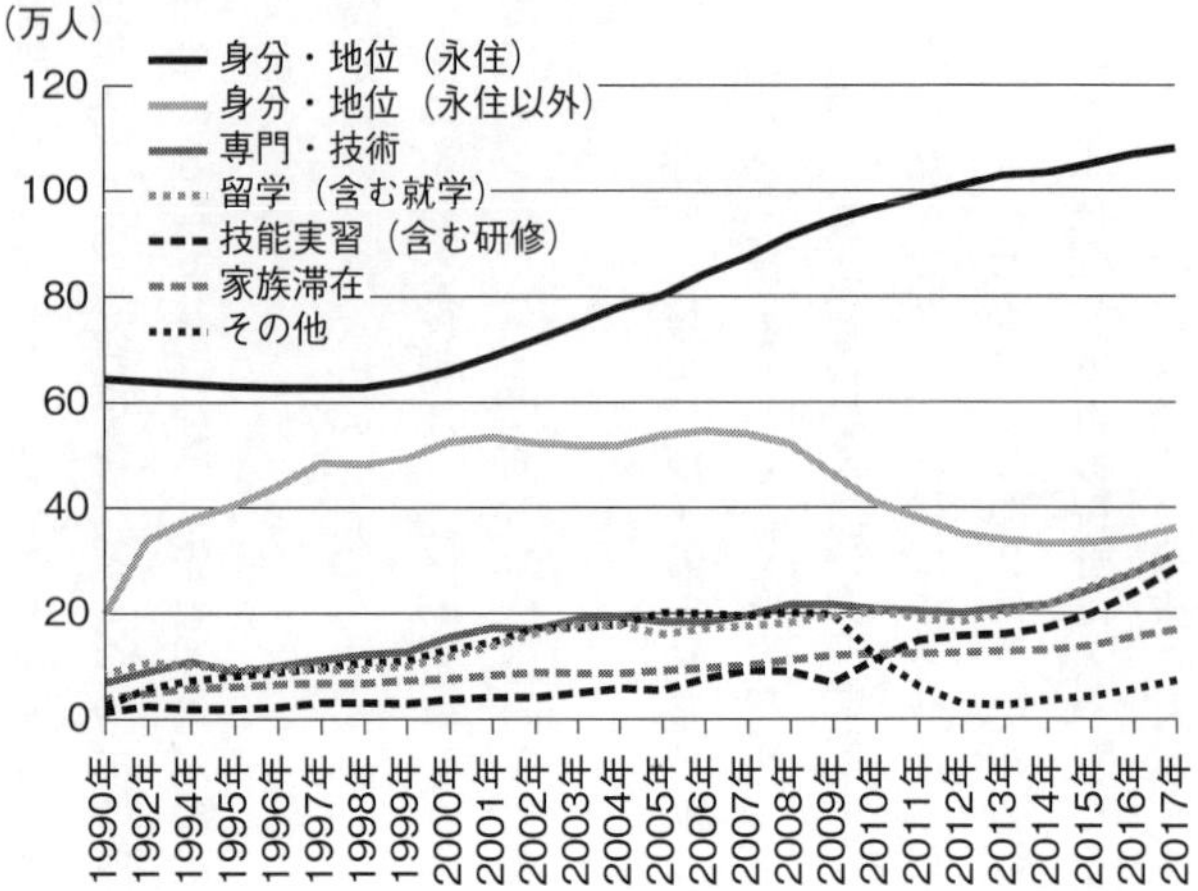

出典：在留外国人統計

在留資格の全体像の中に位置付けて図示することでより明瞭に理解できるのではないだろうか。

在留資格のカテゴリー別推移

在留資格のカテゴリー別に時系列の推移も見ておこう。

なおグラフでは数が多い「身分・地位」を「永住」（永住者＋特別永住者）と「永住以外」の二つに分けて、全部で以下の七つのカテゴリーに整理した。①身分・地位（永住）、②身分・地位（永住以外）、③専門・技術、④留学（２００９年まで「就学」を含む）、⑤技能実習（２０１０年からその多くが「技能実習」に吸収された

「研修」を含む）、⑥家族滞在、⑦その他。

このグラフを見る上でいくつかの留意点がある。2009年までは2010年から統合された二つの在留資格「留学」と「就学」の合計値を用いている。以前は日本語学校の学生に「留学」とは区別された「就学」の在留資格が付与されていたためだ。

「技能実習」については在留資格のあり方が細かく変動しているため、在留資格「研修」と「技能実習」との合計値にしている。ただし、2009年以前にはまだ「技能実習」の在留資格自体が存在せず、当時の技能実習生は「特定活動」の在留資格で在留していた。

そのため、2009年以前の技能実習生は「その他」に含まれてしまっている。「技能実習」が2010年ごろから急増しているように見えるのはこうしたカウント上の理由もあることに注意が必要だ（逆に「その他」が2010年に大きく減少しているのも同じ理由による）。

一目見てわかる最大の特徴は、「身分・地位（永住）」の在留資格が2000年ごろから一貫して伸び続けていることだ。しかもこれは「特別永住者」が漸減し続ける中で起きていることなので、「永住者」がより急な角度で増加していることを意味する。「永住者」は2000年（14・5万人）から2017年（74・9万人）にかけて60万人も増加している。

逆に「身分・地位（永住以外）」は2008年以降大きく減少している。これはリーマンショック後の大量解雇による日系人の帰国が主な原因だ。「専門・技術」、「留学」、そして「技能実習」は一貫して伸び続けており、特にここ数年増加スピードが上がっている。「家族滞在」も伸び続けている。

「永住者」急増の内訳

ここからは規模の上で最大であり、かつその数が急激に伸びている在留資格「永住者」にしぼってより細かく見ていく（「特別永住者」は含まない）。

2017年末時点での「永住者」の出身国別の上位は、中国、フィリピン、ブラジル、韓国、ペルーとなり、これらの国々で全体のおよそ8割を占める。

時系列のグラフを見るとわかる通り、2000年前後を転機として増加の傾きが急になっている。これはその10年前の1990年前後から急増した在留外国人の一部が「永住者」の在留資格を取得し始めたことによるものだと考えられる。在留外国人による大規模な永住権の取得が始まったのはもう20年も前のことなのだ。

これは、のちに公表された永住許可のガイドラインに「原則として引き続き10年以上本邦に在留していること」と定められていることとも符合する。なお、日本人や永住者の

図表2-7　在留資格「永住者」の推移（国籍別）

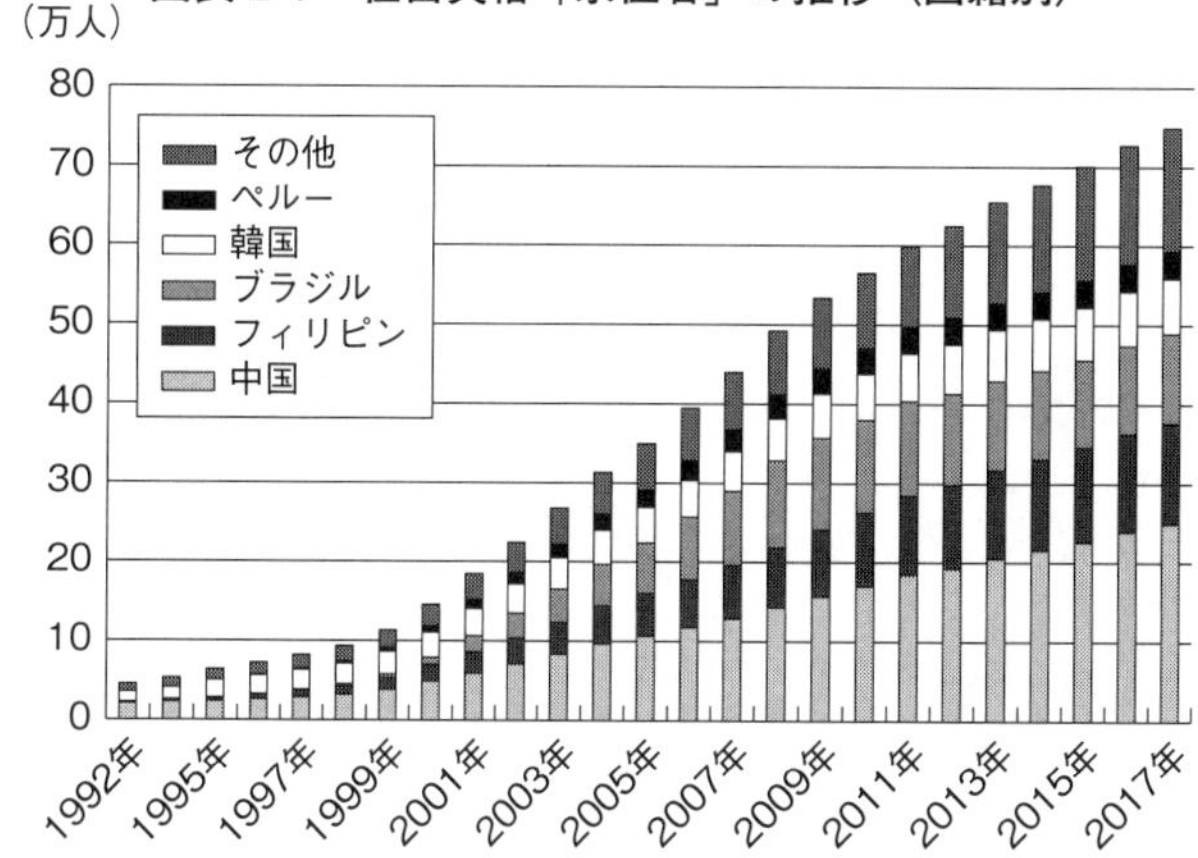

出典：在留外国人統計

「配偶者等」、「定住者」は「原則10年在留の特例」とされており、通常より短い在留年数（3年や5年など）で永住許可が出る可能性がある。

さらに、１９９０年施行の入管法改正によって大規模な流入が始まった在日ブラジル人が保有する在留資格の変化を見ると、この30年の間に何が起きていたのかが手に取るようにわかる。

１９９０年代の前半に多いのは「日本人の配偶者等」の在留資格を保有するブラジル人だ。その多くは、日本からブラジルに渡った日系移民の子どもの世代、つまり「二世」である。次に多いのが「定住者」という在留資格を保有する人々で、これを

図表2-8　在日ブラジル人口の推移（在留資格別）

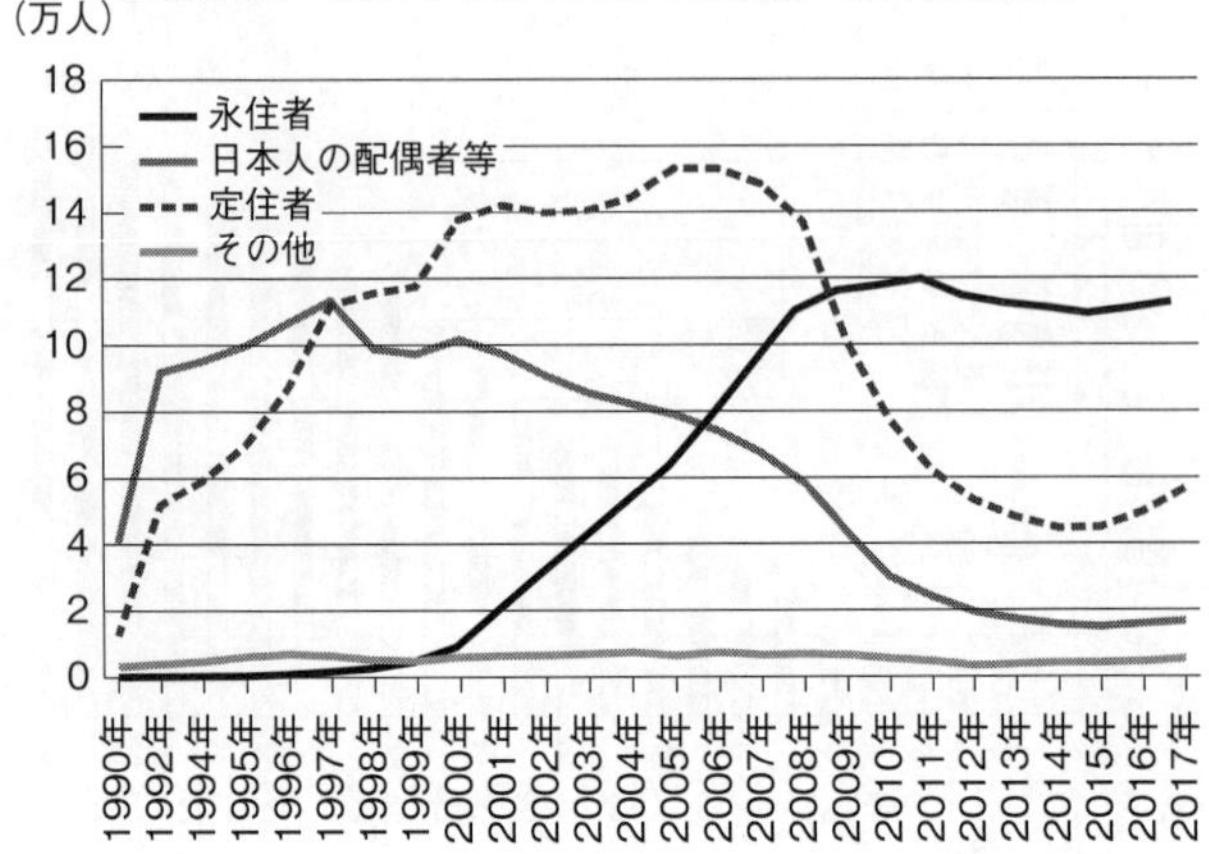

出典：在留外国人統計

取得して来日したのは二世の配偶者や「三世」の日系ブラジル人たちだ。

時系列で在留資格の変遷を見ていくと、年を追うにつれて「日本人の配偶者等」よりも「定住者」が増えていくことがわかる。そして２０００年前後から「永住者」の保有者が増え始め、「日本人の配偶者等」の数が減り始める。

もう一つ注目すべきなのが２００８年以降の動きである。この年はリーマンショックがあった年で、多くの南米日系人が解雇の憂き目にあった。２００９年には日本政府も日系人に対する「帰国支援事業」を実施し、一人当たり30万円の帰国支援金を支給。職を失った多くの日系ブラジル人がこの「手切れ金」を持ってブラジルへと帰国した。結果として在日ブラジル人の人口が大きく減少している。

しかし、在留資格別に見ると、数が大きく減少しているのは「定住者」と「日本人の配偶者等」のみであり、「永住者」の数は２００８年以降もそれ以前とほとんど変わらない水準で維持されている。これは在留資格「永住者」の保有者による帰国が相対的に少なかったということと、同時期に別の在留資格から「永住者」への転換がさらに進んだことの結果であるだろうと想定される。

景気の急激な悪化による雇い止めが起きてもなお日本に残った者の多くは、もはや出稼ぎの労働者ではなく定住した移民と呼ばれるべき存在ではないだろうか。

このように、１９９０年前後の転換期以降に来日した外国人の多くにはすでに20～30年に及ぶ滞日経験があり、彼らによる永住権の取得と定住化は着々と進んでいる。この事実こそが、最も狭い意味に取ったとしてもなお日本がすでに移民国家化の一歩を歩み始めていることの明白な証拠だ。「永住者」の右肩上がりのグラフを見るだけで、この流れがしばらく変わりそうにないことも予測できるだろう。

移民が定住化の覚悟を決めたことの一つのサインとなるのが家の購入だと聞く。言われてみれば当たり前のことだが、その場所に5年、10年と住むつもりがあるからこそ賃貸ではなくローンを組んでまで家を買うのであって、そうした決断の積み重ねの中に出稼ぎ労働者が定住移民へと変化していくダイナミズムがある。

外国人に限らず、大きなローンを背負って特定の場所に家を建てるということは、死ぬまでではないにせよその地域でしばらくの期間暮らしていくということだ。同じくそれはそこから通勤圏内の職場で働いていくということであり、子どもたちが通学圏内の学校で学んでいくということでもある。

在留外国人の6割が労働者

厚生労働省は毎年『「外国人雇用状況」の届出状況』という調査の結果を公表しており、それによって在留外国人のうち「外国人労働者」として働いている人々についての情報を得ることができる。

その調査によると、2018年10月末時点で企業から届出のあった外国人労働者の数は146万0463人である。1年前から約18万人強増えており、比率に直すと14・2%とかなりの増加率だ。なおこの数字に「特別永住者」は含まれていない。

　では在留外国人全体のうち「外国人労働者」が占める割合はどれくらいだろうか。時期が近い２０１７年末の在留外国人数から「特別永住者」を差し引いた２２３万２０２６人を分母とし、同年10月末の外国人労働者約１２８万人を分子として計算すると57％になる。２０１７年10月末よりも２ヵ月後の２０１７年末の方が労働者もより多くなっているはずなので、実際には在留外国人の６割程度が労働者であると考えて良さそうだ。ちなみに日本全体で見ると就業者が人口に占める割合は５割強である。

　当たり前の話だが、日本で暮らす外国人の全員が労働者であるわけではない。労働者ではない残り４割の外国人には、子ども、老人、失業者、専業主婦などが含まれるだろう。

　次に、外国人労働者の出身国別の順位を見てみよう（２０１８年10月末時点）。

１位：中国（38万９１１７人、26・６％）
２位：ベトナム（31万６８４０人、21・７％）
３位：フィリピン（16万４００６人、11・２％）
４位：ブラジル（12万７３９２人、８・７％）

5位：ネパール（8万1562人、5・6％）
6位：韓国（6万2516人、4・3％）

出身国別のトップ5は中国、ベトナム、フィリピン、ブラジル、ネパールとなる。ここまで読んできた方にはおなじみの国々が並ぶ中、5位に入っているネパールだけは新顔だ。ここ数年留学などの在留資格で来日するネパール人が増えており、労働市場でも急速に存在感が高まっている。

先ほど在留外国人全体の6割程度が労働者という試算をしたが、上位国について国別に同様の計算をしてみるとベトナムとネパールの「労働者率」が突出して高いことがわかった。逆に韓国の労働者率は際立って低い。この差が何を意味するか。

ベトナムとネパールは最近になって入国が増えた国々の代表格で、在留している人々の多くが若者、単身、労働者であるという特徴がある。在留資格としては技能実習生や留学生が多く、年齢構成を見てみると両国出身者ともに20代の割合が突出して高い。逆に10代以下の子どもや40代以上の親世代、高齢者はとても少ない。前述した通り、技能実習生には家族帯同が禁じられている。

真逆なのが韓国だ。韓国の労働者率の低さは高齢化の現れである。年齢別の構成比を見ると、ベトナムやネパールとはまったく異なる波形を描き、同じく高齢化が進む日本人全体と同じような構成比を示す。

もちろん韓国人の中にも最近になって来日した若者も多くいる。しかし、在日韓国人を全体として見ると高齢化がかなり進行している。それが上位国の中でも際立った労働者率の低さにつながっているのだ。

在日フィリピン人の特徴

歴史の刻印を帯びた特徴的な年齢構成になっているのが4番目に人数が多い在日フィリピン人だ。フィリピンの労働者率は

図表2-9　在留外国人に占める労働者の割合（国籍別）

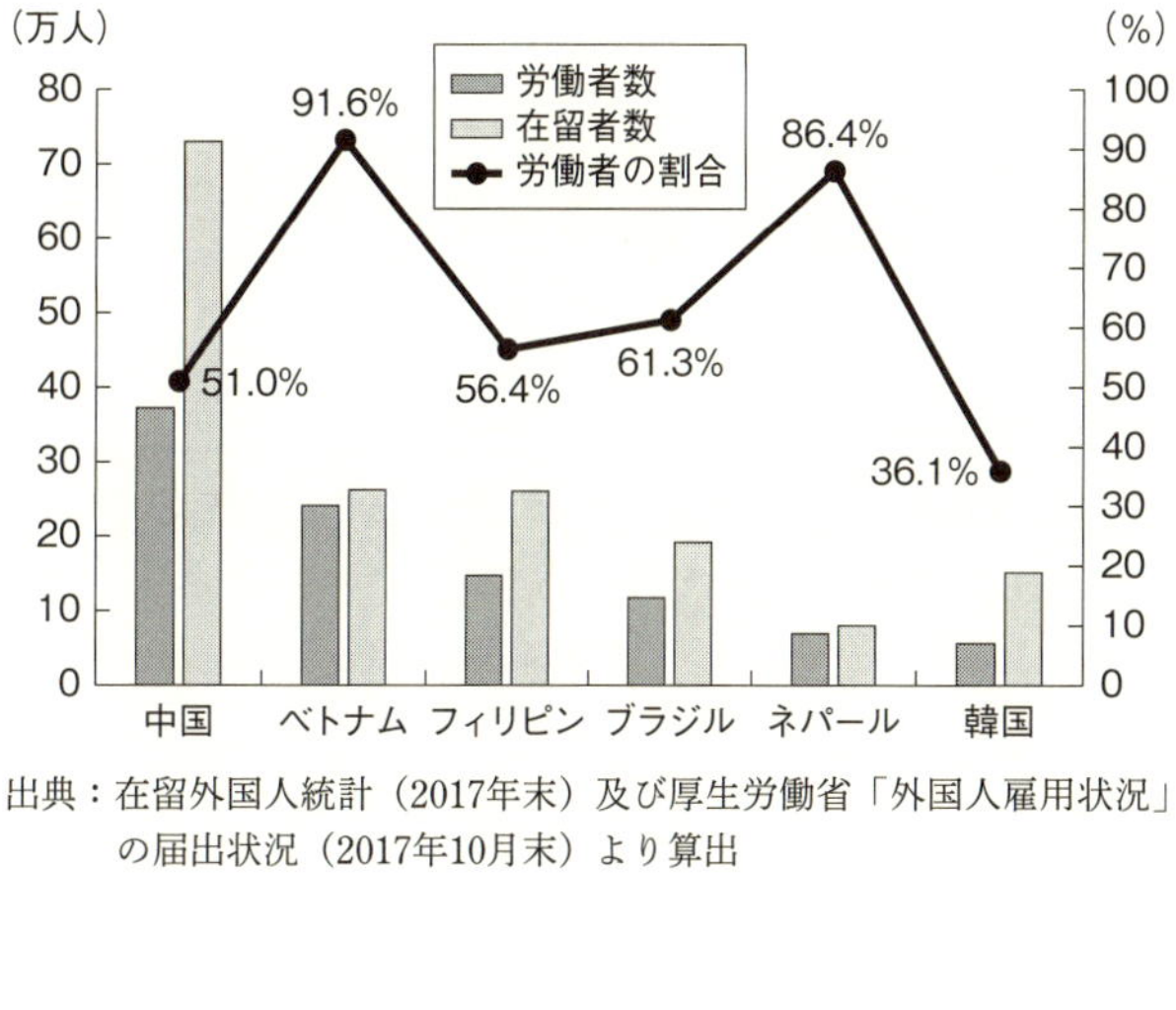

出典：在留外国人統計（2017年末）及び厚生労働省「外国人雇用状況」の届出状況（2017年10月末）より算出

人口分布（国籍別）

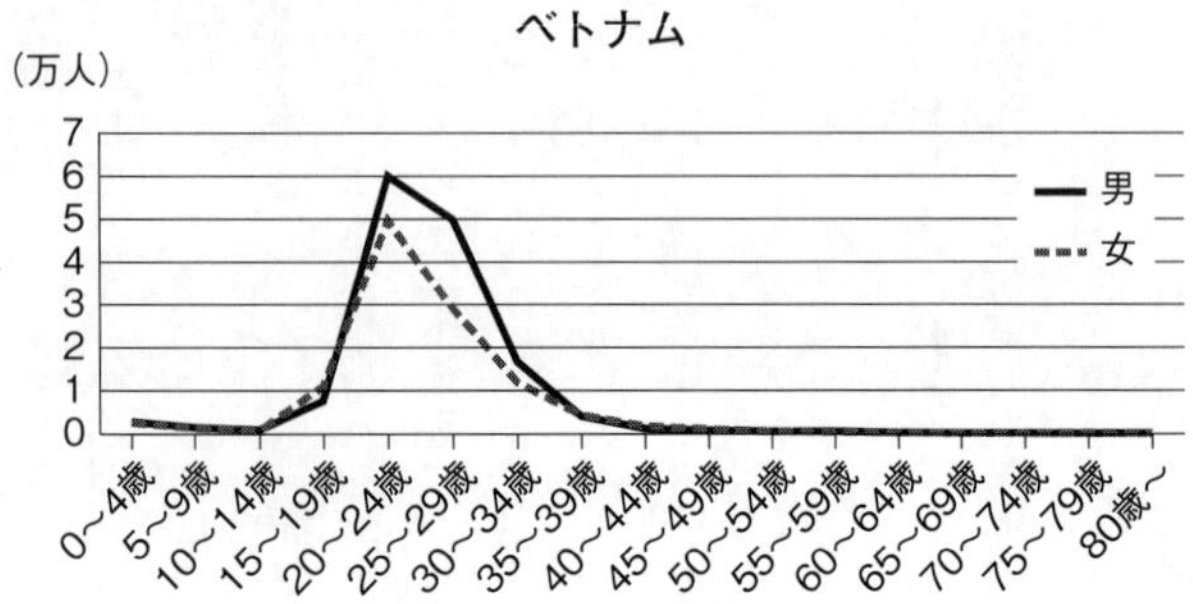

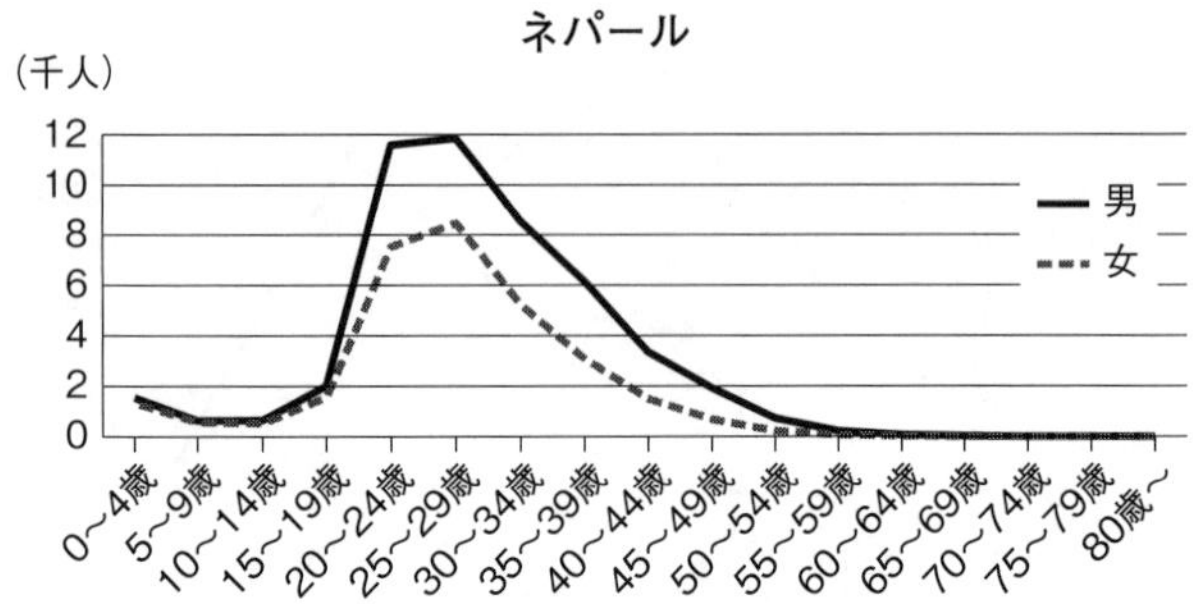

出典：在留外国人統計（2017年末）

図表 2-10　性年代別の

韓国

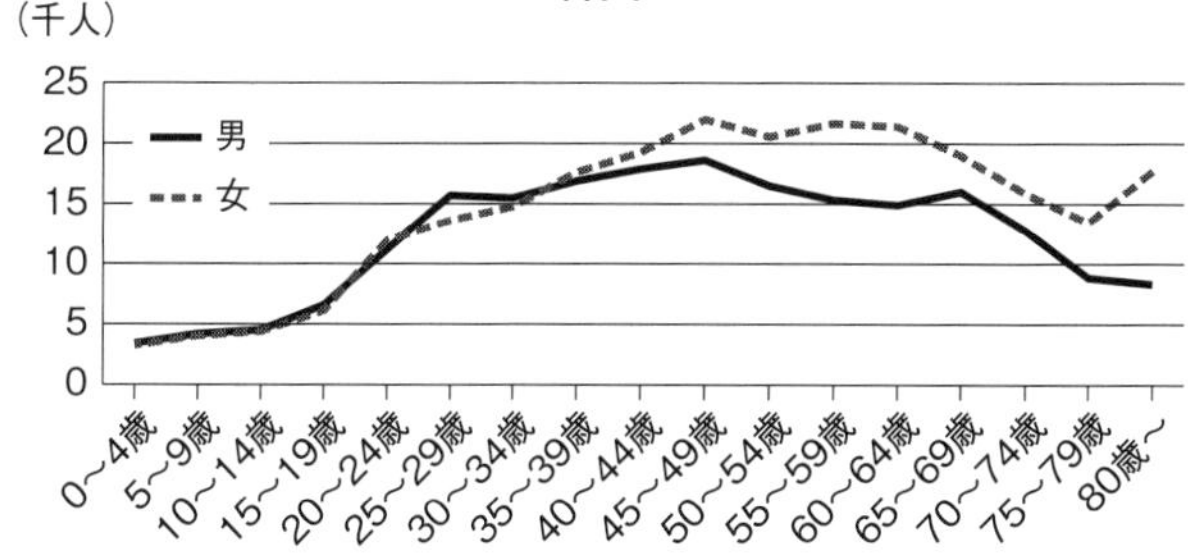

フィリピン

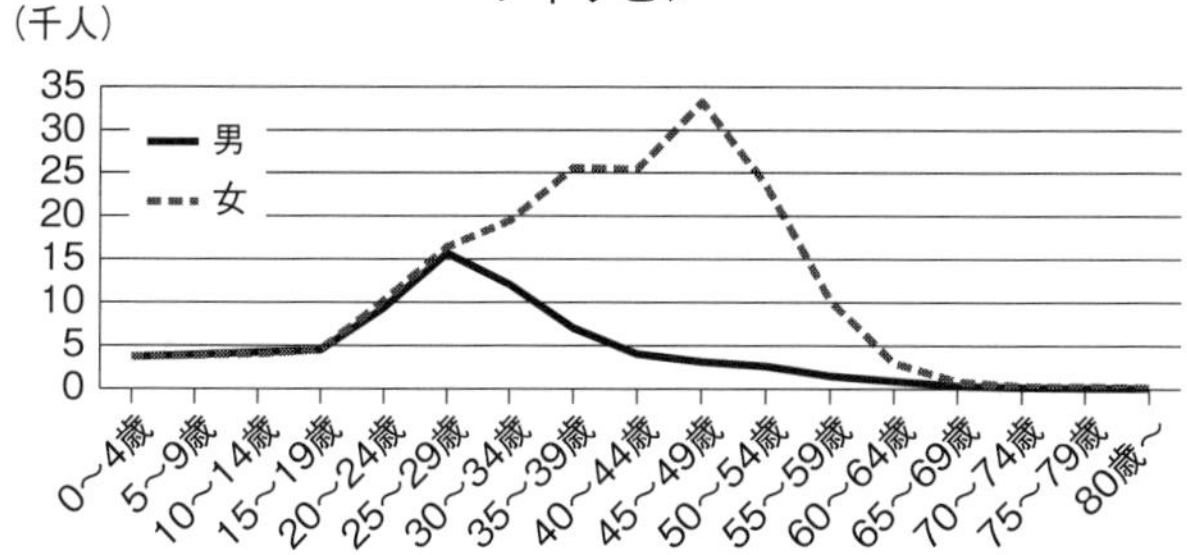

図表2-11　在日フィリピン人口の推移（在留資格別）

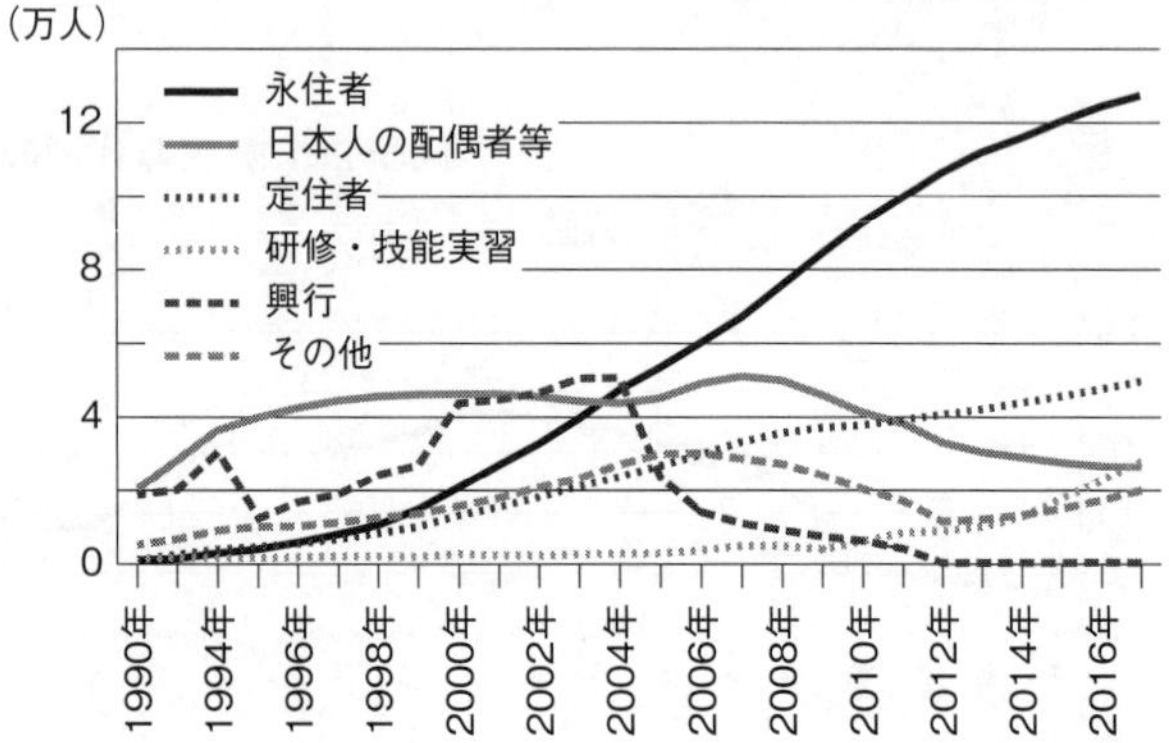

出典：在留外国人統計

56・3％で全体平均に近い数値を示しているが、実は男女別の年齢構成を見ると非常にいびつな状態になっていることがわかる。

フィリピンからの女性は相対的に高齢化が進んでおり最も多いのは40代後半である。逆に男性はベトナムやネパールに似て20代が多い。この背景にあるのは、フィリピン人女性が1980年代から「興行」や「日本人の配偶者等」という在留資格で来日し、いわゆる「フィリピンパブ」などで働いてきた歴史だ。

「興行」の在留資格は2005年に審査が厳格化され、その時期から数が一気に減っている。つまり、日本で暮らすフィリピン人女性たちが男性よりも高齢化している理由の一つは、フィリピン人の女性が数多く来日していた時期がかってあったこと、そしてもう一つの理由は２０００年代半ばにフィリピン人女性の新規入国者数の勢いが弱まったことである。

逆に、フィリピン人男性は数の上では少数派（28・7％）だが、フィリピン人女性とは異なり若年層に偏っている。これは、ベトナムなどと同様、フィリピン人男性が技能実習生など主に単身の労働者として来日していることに要因があると考えられる。

また、フィリピン人もブラジル人などと同様１９９０年代の終わり頃から「永住者」への移行が進み始め、今では在日フィリピン人全体の約半数を「永住者」が占めるまでに至っている。

このように、出身国による労働者率の違いは、それぞれの人々がいつどのような形で日本と関わりを持ってきたか、その歴史的ないきさつに大きく関係している。無機質な数字に見えても想像力を持って読み解くことで、具体的な歴史感覚へと通じることができる。

外国人労働者の４カテゴリー

厚労省の調査では、外国人労働者が在留資格を基準として大きく四つのカテゴリーに分類されている。数が多い順に並べてみよう（２０１８年10月末）。

1位：身分に基づく在留資格（特別永住者は除く）：45万9132人（35・9％）
2位：資格外活動（主に留学）：29万7012人（23・2％）
3位：技能実習：25万7788人（20・2％）
4位：専門的・技術的分野の在留資格：23万8412人（18・6％）
＊その他：2万6326人（2・1％）

なお、ここでの「身分に基づく在留資格」はこれまで見てきた「身分・地位」カテゴリーの在留資格群から「特別永住者」を除いたものに当たる。同様に、ここでの「資格外活動」は「留学」と「家族滞在」に相当し、「専門的・技術的分野の在留資格」は「専門・技術」カテゴリーの在留資格群と同じである。

この分類に沿って時系列の推移をグラフにまとめた。

注意が必要なのが「技能実習」である。「技能実習」という在留資格ができたのは2009年の入管法改正のときだ。しかし、技能実習制度自体は1993年から存在しており、2009年以前は「特定活動」という在留資格が付与されていた。そこで、先の四つ

図表 2-12　外国人労働者数の推移（在留資格カテゴリー別）

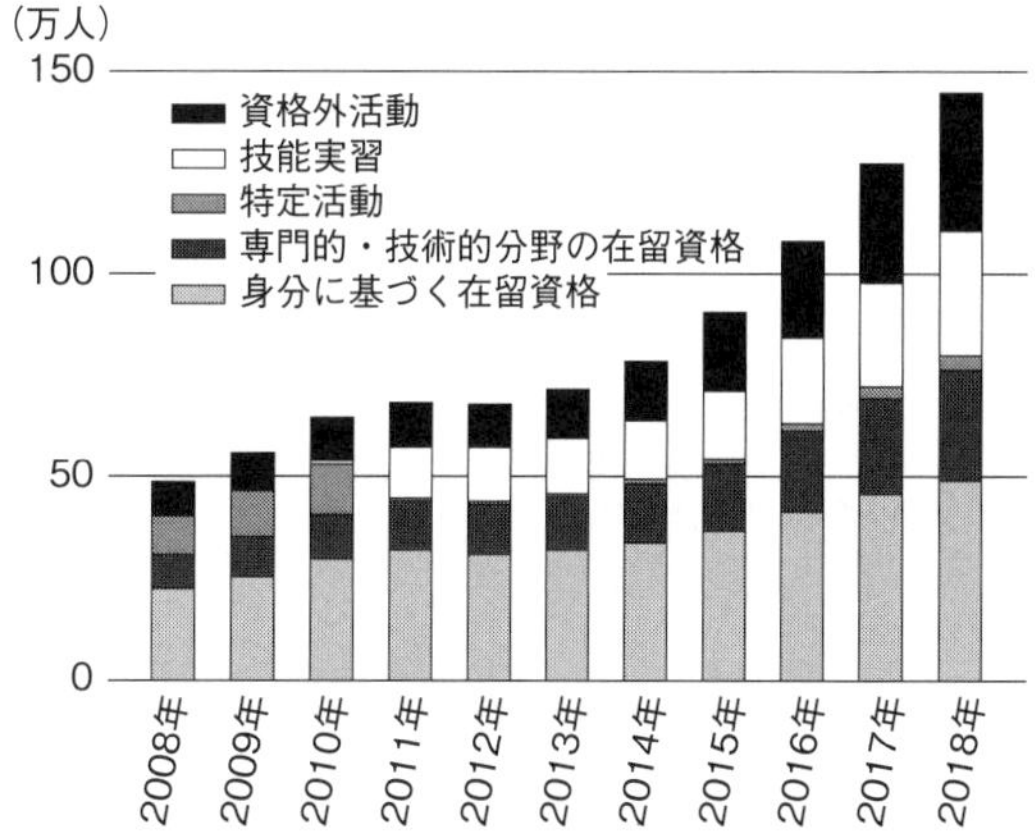

出典：厚生労働省「外国人雇用状況」の届出状況（2018年10月末）

のカテゴリーに「特定活動」を加えてグラフを作っている。途中から「特定活動」が減って「技能実習」が増えているのはこうした理由からである。

時系列で見ると、「身分に基づく在留資格」が頭一つ抜けた規模を常に維持していることがわかる。そのあとに「専門的・技術的分野」、「技能実習」、「資格外活動」が大体同じくらいの規模感で続くような構成だ。

どんな産業で働いているのか

外国人労働者がどんな産業で働いているかのデータもあり、在留資格のカテゴリーごとに大きな違いがある（以下、本節及び次節のデータは2017年10月末時点のもの)。「身分に基づく在留資格」の保有者や技能実習生は製造業の比率が高い。特に「技能実習」は6割以上が製造業、そこに建設業を加えると75%を超え、「資格外活動」で働く外国人(留学、家族滞在)がサービス業(宿泊、飲食、卸売、小売など)に偏っていることと好対照を成している。

多くの人にとって、普段の生活の中で直接出会いやすいのはサービス業の労働者の方だろう。工場の中に入ることがほとんどない人でも、居酒屋、ファストフード、コンビニ、スーパーなどは日常的に利用する機会が多いからだ。したがって生活の中で出会う外国人労働者には留学生などが多く、反対に技能実習生は少ない。

これまで外国人の出稼ぎ労働者といえば「工場や建設現場などの肉体労働で働く男性の労働者」というイメージが強かったのではないか。しかし、近年では外国人労働者全体に占める製造業の割合がすでに3割程度にまで減少している。

こうした産業上の構成変化は、外国人の総数が増えるスピード以上に生活の実感を変えていると考えられる。一般の人が感じる「コンビニに外国人のアルバイトが増えたよね」とか「居酒屋の店員さんで外国の人が増えたよね」という肌感覚の背景にはこうした社会の構造変化が関わっている。最近になってベトナムやネパール出身の労働者が特に増えた

図表2-13　外国人労働者の産業別構成率（在留資格カテゴリー別）

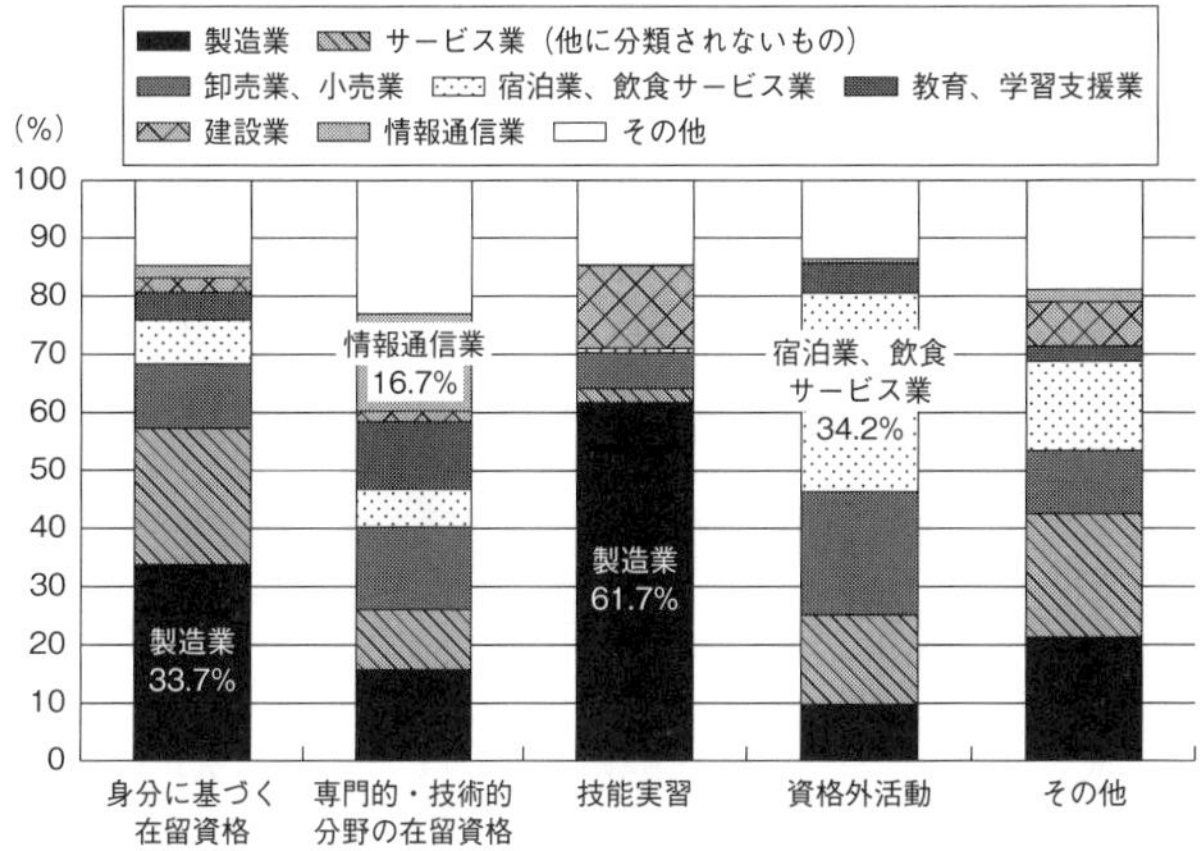

出典：厚生労働省「外国人雇用状況」の届出状況（2017年10月末）

図表2-14　外国人労働者の在留資格カテゴリー別構成率（産業別）

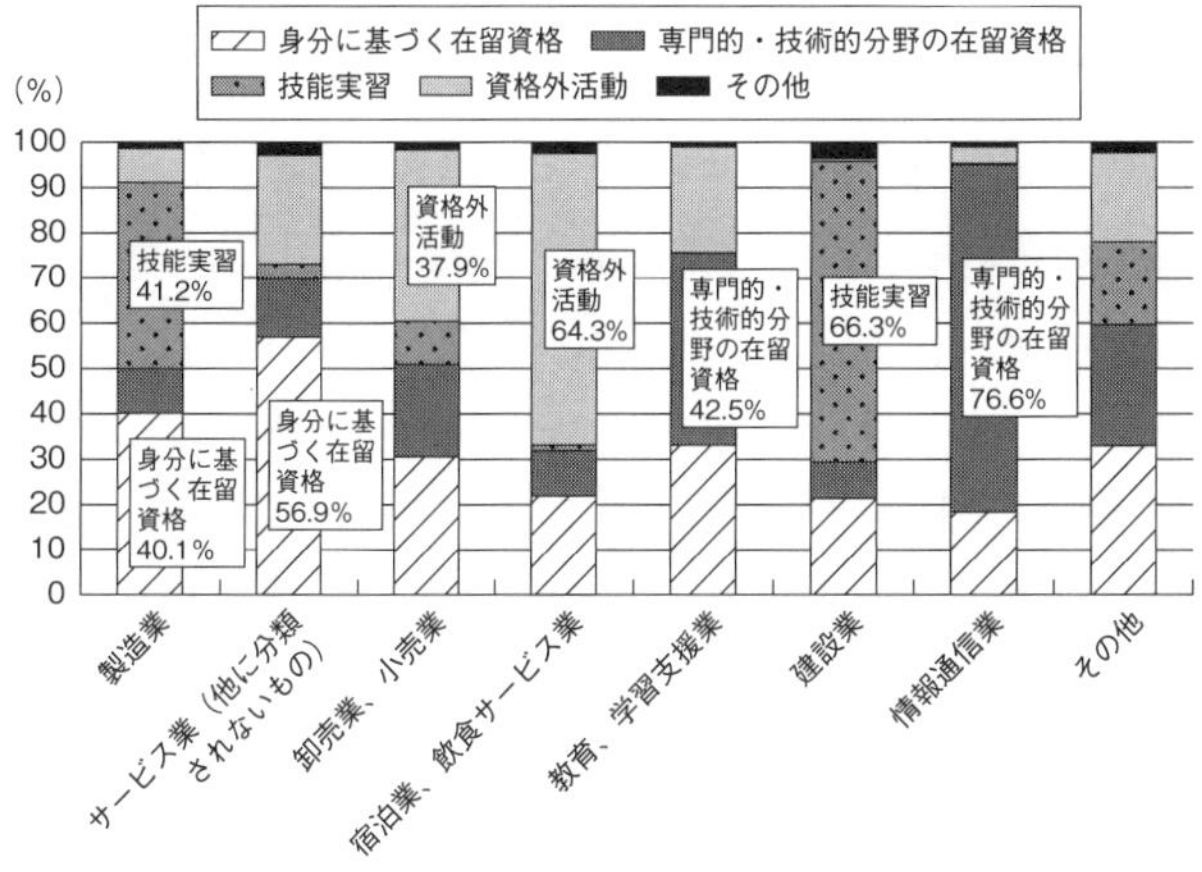

出典：厚生労働省「外国人雇用状況」の届出状況（2017年10月末）

ように感じられるのも、彼らがコンビニなどの小売業や、居酒屋などの飲食業で多く働いているからである。

ネパール出身者を例に上げると、彼らは外国人労働者全体の5位で5・4％を占めるに過ぎないが、卸売・小売・宿泊・飲食などのサービス業にしぼれば9・8％で3位にまで浮上する。ちなみに1位は中国（40・2％）で2位はベトナム（19・7％）だ。コンビニや居酒屋でよく見かける人々であることがわかるだろう。

逆に、外国人労働者全体の9・2％を占めるブラジル出身者はサービス業にしぼると2・0％を占めるに過ぎない。コンビニや居酒屋で彼らと出会う可能性がそれほど大きくない理由である。

東京と東京以外での違い

こうした差異は地域の違いによってさらに際立つ。東京都は日本全体の外国人労働者の3割強（30・9％）が働く場所だが、外国人労働者の職場を東京都とそれ以外に分けて整理すると、産業ごとに東京都が全体に占める割合がまったく異なることがわかる。

例えば「製造業」で働く外国人の93・8％は東京都の外で働いている。同じように東京

図表2-15　外国人労働者の地域別構成率（産業別）

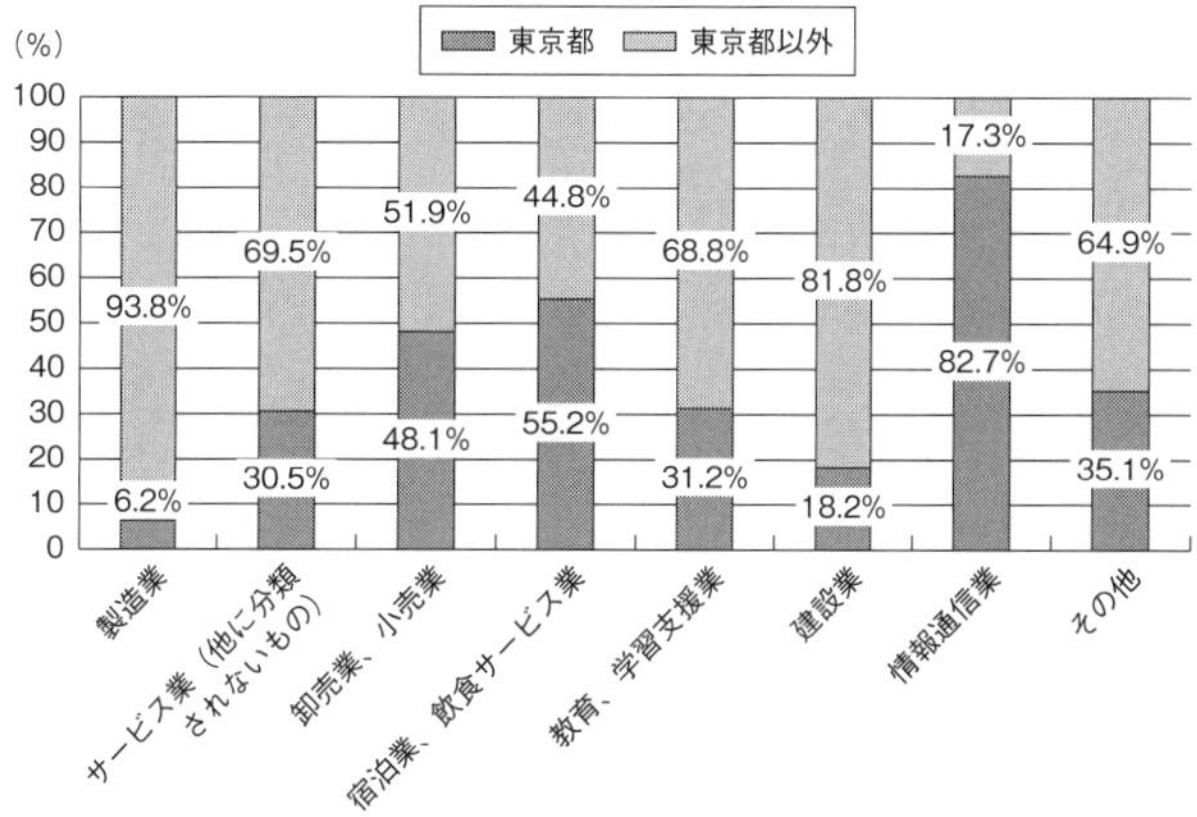

出典：厚生労働省「外国人雇用状況」の届出状況（2017年10月末）

以外の比重が高いのが「建設業」で81・8%を占める。

逆に、東京都にほぼ一極集中しているのが「情報通信業」で82・7%が東京都内である。ちなみに「情報通信業」は在留資格という意味でも特異であり、「専門的・技術的分野の在留資格」の保有者が突出して多い。オフィス勤めのホワイトカラー職であることが想定され、その約半数を中国出身者が占める。

「情報通信業」以外で東京都への集中が見られるのが、「宿泊業、飲食サービス業」と「卸売業、小売業」だ。それぞれ、外国人労働者の55・2%、48・1%が東京に集中している。したがって先に述べた「最近コンビニや居酒屋で外国人のアルバイトが増えたな」という実感は、東京都内でこそ最も強く感じられるだろう。

逆に、東京都以外のサービス業従事者が少ない地域では、統計上外国人労働者が増えていても、彼らが特定の地域に集住してコミュニティを形成していたり、製造業の工場や建設現場で働いていたりすると、近くに住んでいても日常生活の中であまり出会う機会がないということも起こりうる。

全体的な数字の変化と日常感覚の変化はダイレクトにつながっているわけではなく、その間に住み方や暮らし方、働き方などの様々なレイヤーがかぶさる形で存在している。そのレイヤーのあり方によって、人と人との出会い方や社会の体験のあり方も変わってくることになる。

帰化者や子どもたち

ここまでしばらく「外国人労働者」を中心に見てきたが、少し別のカテゴリーの人々についても触れておきたい。帰化者や親の両方または片方が外国人であるような子どもたちについてである。

図表 2-16　帰化者数の推移（国籍別）

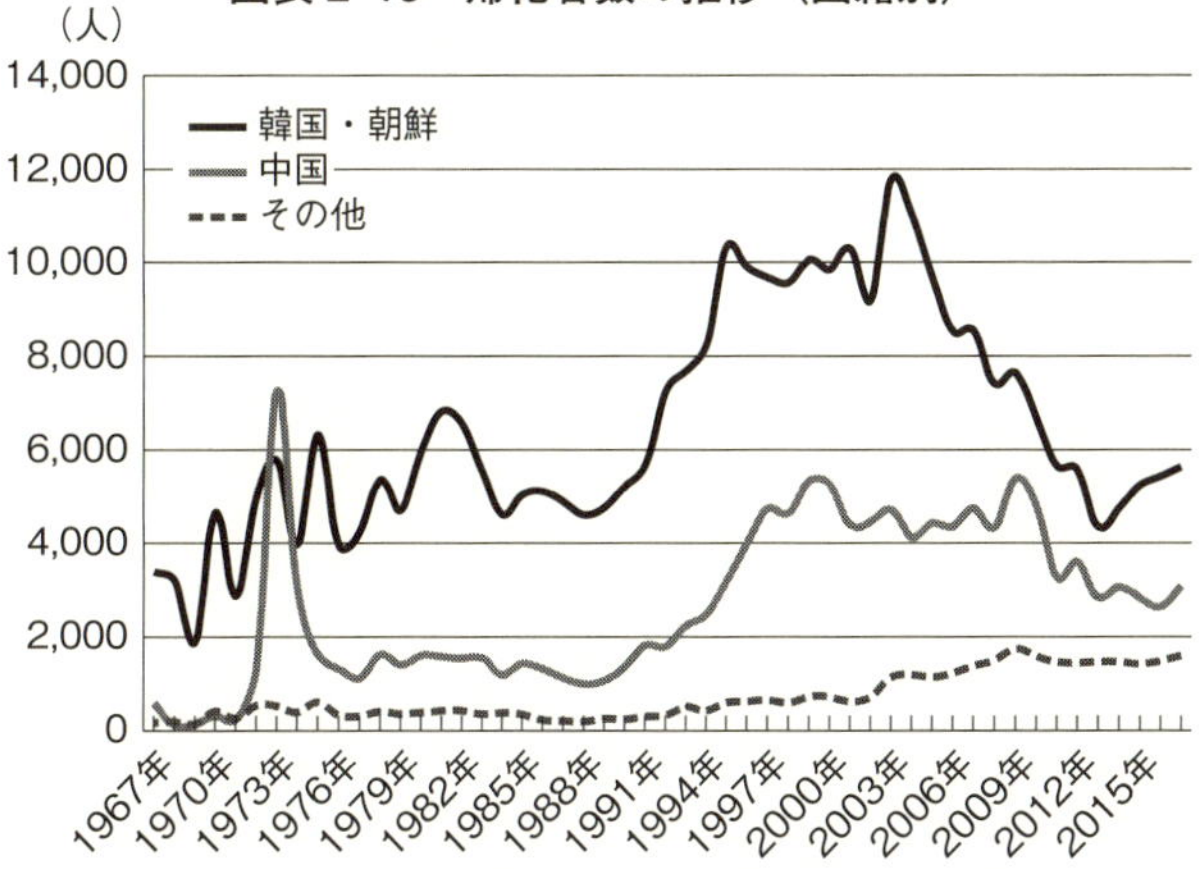

出典：法務省

帰化者というのは日本国籍を取得した人々のことだ。戦後長らくは韓国・朝鮮籍の人々による帰化がそのほとんどを占めていたが、日中が国交を回復した１９７０年代以降は中国人による帰化も増え始める。両者ともに１９９０年代から２０００年代にかけてピークを迎えるが、２０１０年代に入って数がだいぶ落ち着いている。

代わりに近年増加傾向にあるのが韓国・朝鮮、中国以外の国からの帰化者である。現在も帰化者全体の中では15％強を占めるに過ぎないが、２０００年代に入ってからかなりの角度で伸びていることに注目したい。こうした動きには永住者の増加傾向と同様に、１９８０年代以降にやってきたニユーカマーの外国人による定住深化の動きが関わっているだろう。永住者が増加するなか、今後も韓国・朝鮮、中国以外からの帰化者の数が増えていく可能性がある。

次に両親の両方あるいは片方が外国人である子どもたちについても見ていこう。まず、父母の片方が外国人である「国際児」の子どもであるが、1990年代半ばから継続的に毎年2万人ほど出生する状態が続いている。なお、1985年施行の改正国籍法によって父系血統優先主義から父母両系血統主義への転換が行われ、現在は父母のどちらかが日本国籍を持っていればその子も日本国籍を得ることができる。

国際児の中でも特に注目したいのが「JFC（ジャパニーズ・フィリピノ・チルドレン）」と呼ばれる子どもたちの存在だ。先述の通り1980年代から2000年代半ばにかけて「フィリピンパブ」などで働くフィリピン人女性が急増し、それに伴って彼女たちと日本人男性との国際結婚や子どもの出生も増加したのだ。

JFCの出生数は近年減少傾向にあるが、これは前述の通り2005年に在留資格「興行」の審査が厳格化されたことが原因だ。JFCは現在日本とフィリピンの両国を合わせて数十万人規模で存在するとも言われているが、日本人の父親からの認知が得られなかっ

図表 2-17　日本国籍の国際児の出生数及び外国籍の子どもの日本での出生数の推移

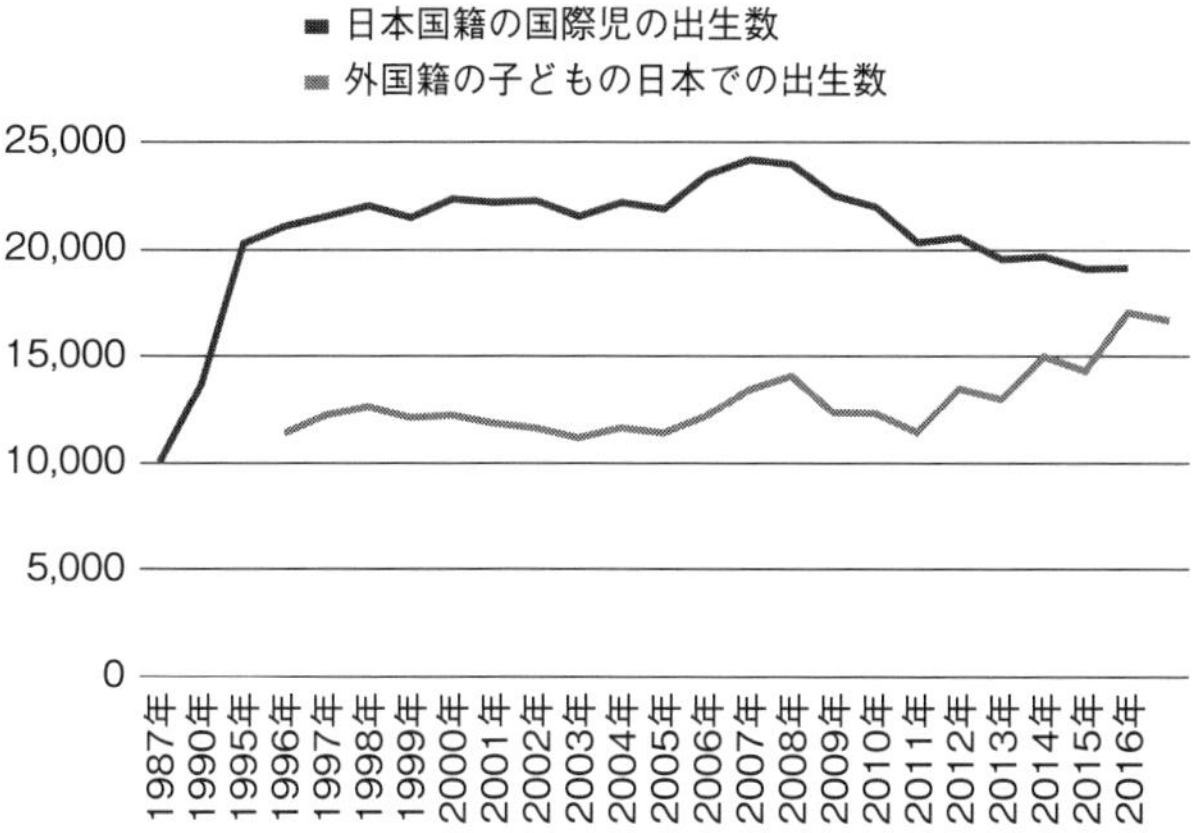

出典：人口動態統計

たケースも多く、厳密な人数はわかっていない。

最後に、両親ともに外国籍である子ども（または嫡出でない子どものうち母親が外国籍の子ども）の数についても統計がある。国際児の数よりやや少なく1万人台だが、近年は明らかに増加傾向にある。

したがって、日本で生まれている子どもに限っても、日本国籍を持つ国際児と外国籍の子どもとの合計で毎年3万〜3・5万人ほどの子どもが出生していることになる。

なお、在留外国人全体に占める0〜19歳の割合は13％程度である（2017年末）が、外国籍の子どもには日本で生まれた子どもたちだけでなく、外国で出生した後に（親に連れられて）来日した子どもも含まれている。

非正規滞在者たち

在留資格を持たない外国人たちの存在も無視することはできない。在留資格の無い外国人の呼び名は安定しておらず、「不法移民」や「不法滞在者」、「非正規移民」などとも呼ばれるが、本書では「非正規滞在者」という呼称を用いることにする。英語やフランス語では「undocumented」や「sans-papiers」など「書類を持たない」という意味の言葉が使われることも多い。

なお、「オーバーステイ」とも言われる「超過滞在者（不法残留者）」が非正規滞在者全体の大部分を占める。超過滞在者とは入国時には持っていた在留資格を喪失し、その後も滞在し続けている外国人のことである。短期の観光ビザなどでの入国後に残留している者もいれば、技能実習などでの劣悪な環境から「失踪」したあとに残留している者もいる。

非正規滞在者全体の中には、来日時から在留資格を持っていない「不法入国」や「不法上陸」も含まれる。しかし、日本は周りを海に囲まれていることもあり、不法入国者や不法上陸者よりも超過滞在者の方がかなり多い。入管法違反事件で摘発される外国人の割合を見ると、2016年の統計で超過滞在者が全体の83・8%を占めている。

非正規滞在者全体の統計はないが、超過滞在者については1990年以降の統計がある。超過滞在者数のピークは1990年代の前半であり、当時の30万人弱から現在は6万人台にまで大きく減少している。

オーバーステイの外国人は、バブル前後の時期を中心に、中小企業などの人手不足を補う労働力として機能していた。だが、彼らの存在はその後日系人や研修・技能実習生によって徐々に代替され、警察や入管による集中的な摘発も行われたことで、その多くが国籍国へと送還された。なお、

図表 2-18　超過滞在者数の推移

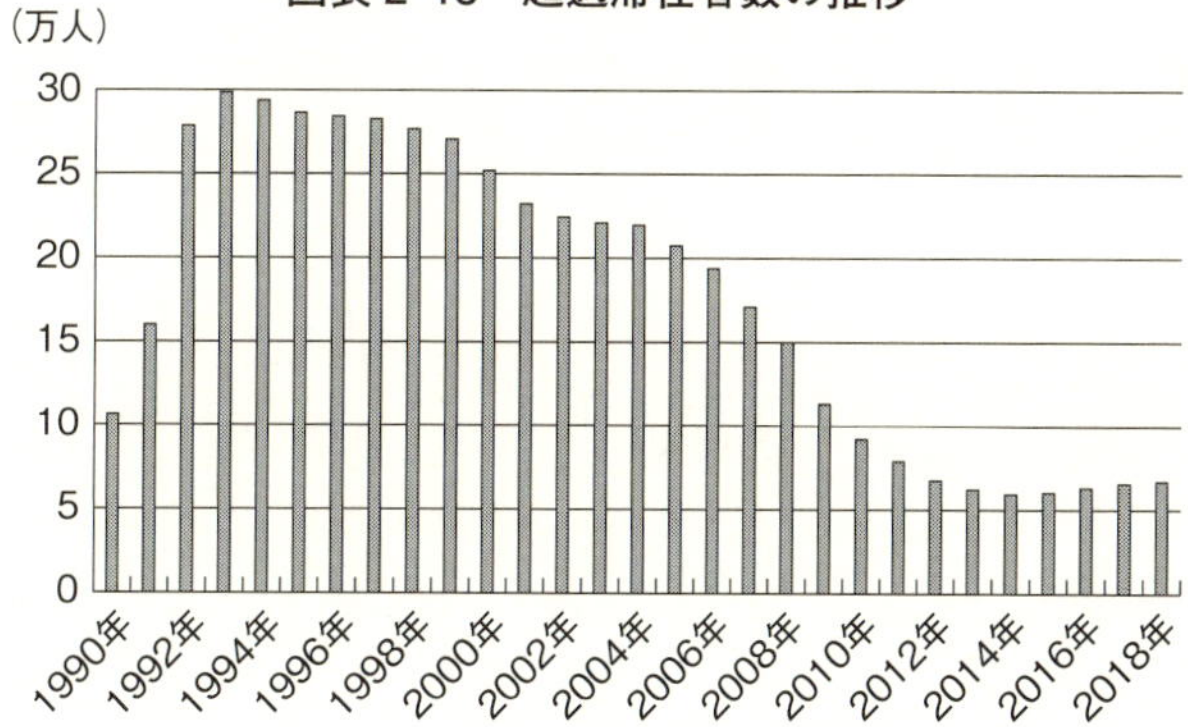

出典：法務省

全体の中では少数派だが、非正規滞在者の一部には「在留特別許可」という行政措置によって何らかの在留資格を得た者もいる。

日本に「移民」は何人いるのか?

ここまで出身国や在留資格などの様々なカテゴリーに沿って、日本にいる在留外国人の把握を試みてきた。本章の最後に、では日本には「移民」と呼びうる外国人が何人存在するのかという問いについて、考えてみたいと思う。

前章でも述べた通り、「移民」の定まった定義があるわけではない。例えば国連は国境を越えて移住してから3ヵ月以上12ヵ月未満の者を「短期(一時的)移民」、そして12ヵ月以上の者を「長期(恒久的)移民」と呼称するのが専門家の間で一般的であるとしている。

> 国際移民の正式な法的定義はありませんが、多くの専門家は、移住の理由や法的地位に関係なく、定住国を変更した人々を国際移民とみなすことに同意しています。3ヵ月から12ヵ月間の移動を短期的または一時的移住、1年以上にわたる居住国の変更を長期的または恒久移住と呼んで区別するのが一般的です(2)。

図表2-19　3つのゲート

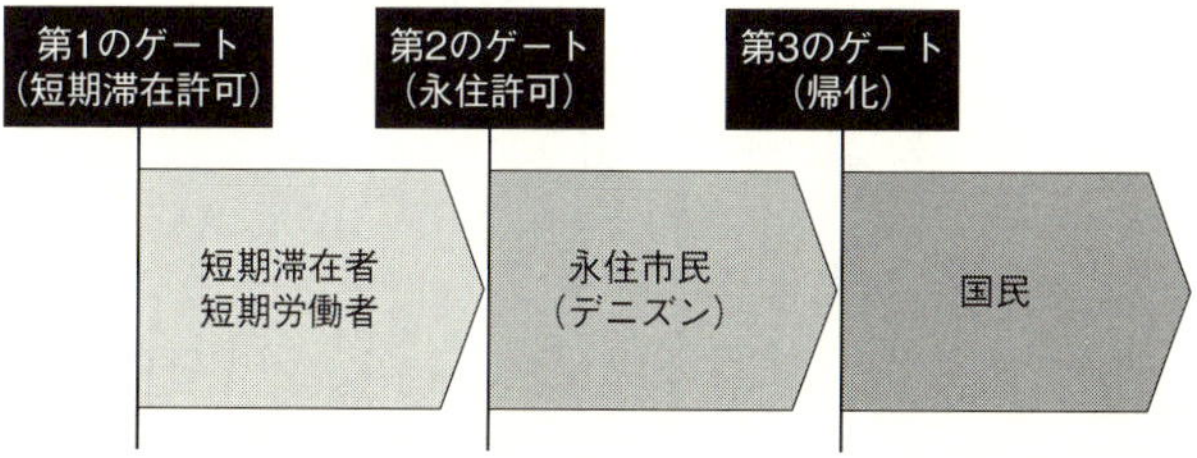

スウェーデンの政治学者であるトーマス・ハンマーは、1990年の著書『デモクラシーと国民国家（邦題：永住市民《デニズン》と国民国家）』の中で、①短期滞在者・短期労働者、②永住市民（デニズン）、③国民という3層モデルを提案している。

ハンマーのモデルは、国家への滞在許可に関する「三つのゲート」の存在を想定し、①短期の滞在許可、②永住許可、③帰化（完全な市民権の取得）というゲートを突破するごとに、その国の中でより自由で安定した状態を手に入れることができるという一般的な構造を説明している。

また、日本の社会学者である小井土彰宏は『移民受入の国際社会学』でハンマーのモデルをさらに拡張し、「物理的国境」や、さらにその外側のEUなども意識した「地域統合の外部国境」などでの選別もゲートに加えた5層のモデルを提案している。

ハンマーや小井土のこうした図式は「移民」をカウントする際にも使いやすい。彼らのモデルに沿って永住権を持つ外国人のみを「移民」と狭く捉えることも可能だろうし、もう少し外の層までを含めて「移民」とカウントすることも可能だろう。

それでは早速、ハンマーらのモデルを参考にしつつ、日本の在留資格のあり方に着目しながら、「移民」の数を様々な形でカウントしてみよう（主に2018年6月末時点の数値）。

(1)「身分・地位（永住のみ）」のみをカウント：108・5万人

永住権を持った外国人（ハンマーが言う「デニズン」に相当）のみを「移民」としてカウントすると108・5万人になる。永住権を持つ外国人の数は2012年に100万人を突破し、その後も毎年増加を続けている。

日本で永住権を持つ人は「特別永住者」か「永住者」という在留資格のいずれかを持っている。「特別永住者」の在留資格ができたのは1991年だが、翌1992年には永住外国人全体の92・9％を「特別永住者」が占めていた。しかし、現在の内訳を見ると「永住者」が75・9万人（69・9％）、「特別永住者」が32・6万人（30・1％）となり、全体の7割を「永住者」が占める状態へと大きな変化を遂げている。

（2）「身分・地位（永住以外）**」まで含めてカウント：145・0万人**

永住外国人以外にも「身分・地位」の在留資格を持つ人々が36・5万人存在する。（1）の108・5万人と合計すると**145・0万人**となり、日本人及び永住者の「配偶者等」に加えて、「定住者」の在留資格の保有者がここに含まれる。

（3）「専門・技術」と「家族滞在」まで含めてカウント：195・8万人

続いて、就労が続く限り在留資格の更新に制限がない「専門・技術」の在留資格と、それに付随する「家族滞在」の在留資格を持つ人々まで含めてカウントする。「専門・技術」が33・4万人、「家族滞在」が17・4万人なので、合計**50・8万人**。これを（2）の145・0万人に追加すると**195・8万人**となる。

（4）「在留外国人」全体をカウント：263・7万人

次に、政府が「在留外国人」として定期的に発表している人数全体をカウントする。「留学」の32・4万人や「技能実習」の28・6万人など**67・9万人**が（3）の195・8万人に上乗せされ、合計263・7万人となる。ここまで含めると人口の2%を超え、「移民」がかなりの割合を占めることになる。

(5)「帰化者」や日本国籍の「国際児」まで含めてカウント：少なくとも約400万人

外国籍から日本国籍に帰化した帰化者や両親のどちらかが外国人でありつつ日本国籍を持ついわゆる「国際児」の存在も見逃せない。こうした人々は「移民」を外国籍者に限定する場合は基本的に含まれないが、「移民のルーツや背景を持つ人々」であると言える。

是川夕の研究では、2015年10月1日時点で帰化人口が46・3万人、国際児人口が84・7万人と推計されている。ただし、これは各種のデータが揃う1987年以降の数値のみを基にした推計であるため、1986年以前に帰化した人や国際児として出生した人まで考慮に入れるとこの数はさらに増えることになる(3)。また、2015年以降もこれらの数値は増えていると考えられるため、2018年時点ではより多くの帰化者および国際児が存在していることだろう。

このように、やむを得ず現実よりは過小な数値となっているが、2015年時点で帰化人口と国際児人口を合わせて**131・0万人**が存在するだろうという研究者による推計がある。これを（4）の263・7万人に足すと**約400万人**（少なくとも）となり、総人口の3％を超える水準にまで伸びてくる。

（6）超過滞在者まで含めてカウント：少なくとも400万人超

最後に、「短期滞在」や「留学」、「技能実習」など何らかの在留資格を持って入国し、その後超過滞在（オーバーステイ）の状態になった者が2018年7月1日時点で6・9万人存在する。超過滞在者の数はピークだった1993年の30万人弱という数字からは大幅に低下している。しかし、近年は技能実習生の失踪が増えるなどの理由で微増傾向となっている。

超過滞在者の中には、地域社会や職場の中で確固たる関係性を築き、滞在年数がかなりの長期にわたっている人々も少なくない。この**6・9万人**を（5）の約400万人（少なくとも）に足すと400万人を超えることになる。

なお本来は「超過滞在者」だけでなく「不法入国者」なども含む「非正規滞在者」全体を足し上げるべきなのだが、統計がないため前者だけをカウントした。

日本の「移民」をどう捉えるか

さて、ここまで様々な「移民」の数え方を整理してきたが、本書では、ハンマーによる第二のゲートである「永住許可」を通過した「永住者」と「特別永住者」を「**永住移民**」とひとまず定義することにする。

次に、「在留外国人」として政府が発表する外国人から「永住移民」を除いた人々を「**非永住移民**」と定義する。ここに含まれるのは、第一のゲートである「(相対的に)短期の滞在許可」のみを通過した外国人から短期の観光客などを除いた人々である。

これらの人々も、滞日期間が長期化したり日本国籍者や永住者と結婚したりすることを通じて、いずれ第二のゲートを通過する可能性があり、実際にそのようなケースは数多く発生している。ただし、技能実習生のように制度的に永住への道が閉ざされている外国人も存在することには注意が必要だ。

そして、現在は日本国籍を保有しているものの、出身国や家族とのつながりを通じて移民のルーツを持つ人々を「**移民背景の国民**」と定義する。ここに含まれるのは帰化者や国際児だ。「永住移民」と「非永住移民」は外国籍者であるが、「移民背景の国民」は日本国

図表2-20　日本に「移民」は何人いるのか

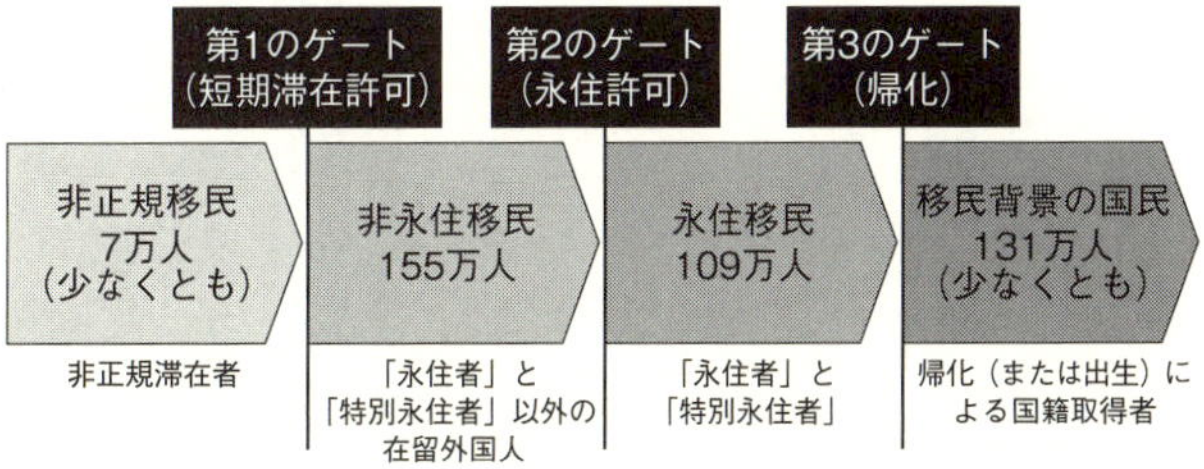

籍の保有者という整理になる。

これらはあくまでも作業仮説的な定義であるが、それに従えば、日本には１０９万人の「永住移民」がおり、１５５万人の「非永住移民」がおり、最後に少なくとも１３１万人の「移民背景の国民」がいる、こうした形でざっくりと整理をすることができる。３カテゴリーの合計はおよそ４００万人であり、いずれのカテゴリーについても平成の30年間を通じて大幅に増加し続けている。

なおここには超過滞在者の数は含んでいない。約７万人の超過滞在者を「**非正規移民**」として「移民」のカウントに加えることも可能だろう。

本章では、政府統計を様々な切り口で見ることで、現在の日本で暮らす「移民」たちの全体像に関するラフなスケッチを試みた。「国際人口移動転換」から30年近くを経て、日本は着実に「移民国家」化への道を進み続けている。

（1）是川夕「低出生力下における国際人口移動」移民政策学会設立10周年記念論集刊行委員会編『移民政策のフロンティア――日本の歩みと課題を問い直す』明石書店、２０１８年

（2）「難民と移民の定義」国際連合広報センター http://www.unic.or.jp/news_press/features_backgrounders/22174/
「Definitions | Refugees and Migrants」the United Nations https://refugeesmigrants.un.org/definitions

（3）是川夕「日本における国際人口移動転換とその中長期的展望――日本特殊論を超えて」移民政策学会編『移民政策研究 第10号』明石書店、２０１８年5月

第3章　「いわゆる単純労働者」たち

建前と現実の乖離

前章では、日本で暮らす「移民」の全体像をどう捉えるかについての整理を試みた。本章では、在留外国人の6割程度を占めると考えられる「労働者」としての外国人にしぼって議論を進めていきたい。日本はこれまでどんな外国人労働者をどんな形で受け入れてきたのか。

本章のタイトルにある「いわゆる単純労働者」という言葉は奇妙な言葉である。日本政府は長らく外国人労働者をこの「いわゆる単純労働者」と「専門的・技術的分野の外国人」に二分し、その上で前者は受け入れずに後者のみを受け入れるというスタンスを取ってきた。

しかし、実際に日本が行ってきたことはその逆だった。むしろ日本は「専門的・技術的分野の外国人」よりはるかに多くの「いわゆる外国人労働者」を受け入れてきたのである。

このことは、外国人労働者全体に占める「専門的・技術的分野の外国人」の割合が2割にも満たないことからも明らかだ。「身分に基づく在留資格」に数多く含まれる日系人、技能実習生、そして「資格外活動」に含まれる留学生などが、「事実上の労働者」として

図表 3-1　外国人労働者数（在留資格別）

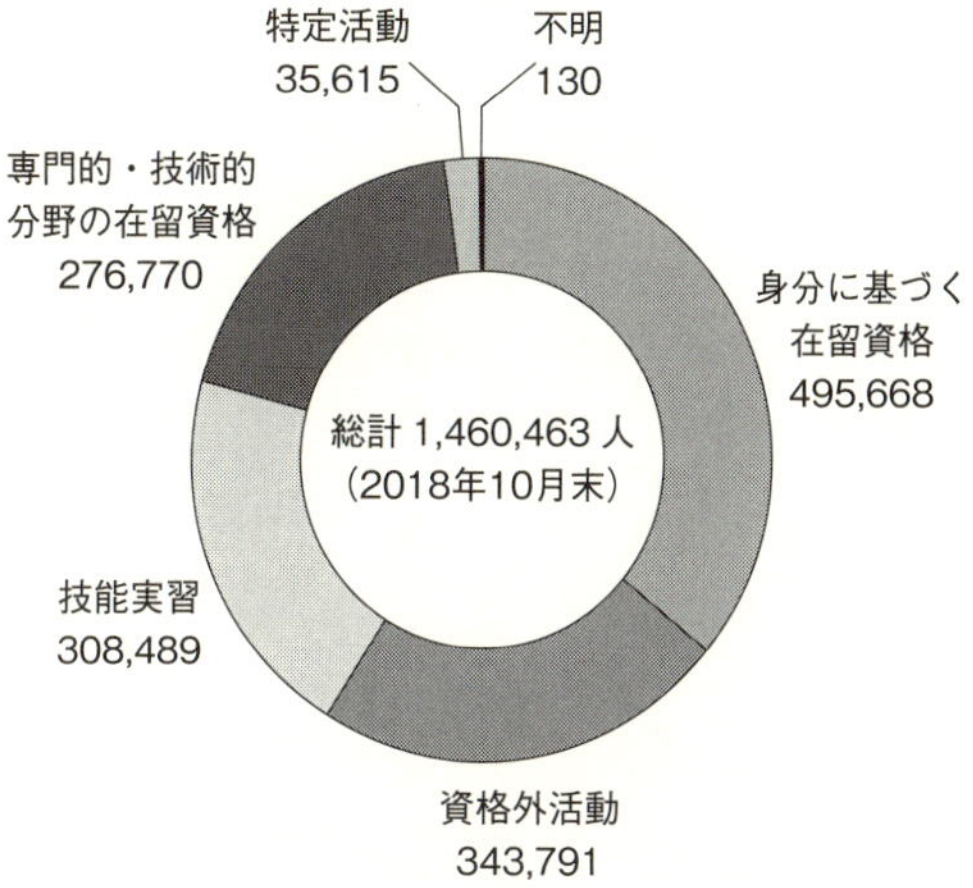

出典：厚生労働省「外国人雇用状況」の届出状況（2018年10月末）

図表 3-2　外国人労働者受け入れの建前と現実

建前	「専門的・技術的分野の外国人」は積極的に受け入れるが、「いわゆる単純労働者」は受け入れない
現実	「専門的・技術的分野の外国人」よりも多くの「いわゆる単純労働者」を受け入れてきた

日本の外国人労働者の中核を担っている。彼らの多くは、低賃金、非熟練の職場に就き、日本の非正規労働市場の一部を構成しているのだ。第1章でも確認した通り、その数はどんどん伸び続けている。

日本の外国人労働者受け入れの「建前」と「現実」はなぜこれほどまでに乖離してしまったのだろうか。

「いわゆる単純労働者は受け入れない」という建前

こうした不自然な状況はいつ作られたのか。「いわゆる単純労働者は受け入れない」という建前は1990年前後から政府によって示され始めている。1988年に閣議決定された「第6次雇用対策基本計画」の「国際化の進展と外国人労働者問題への対応」というパートには次のような文章が記されている（傍線は筆者）。

（……）専門、技術的な能力や外国人ならではの能力に着目した人材の登用は、我が国経済社会の活性化、国際化に資するものでもあるので、受入れの範囲や基準を明確化しつつ、可能な限り受け入れる方向で対処する。（略）いわゆる単純労働者の受入れについては、諸外国の経験や労働市場を始めとする我が国の経済や社会に及ぼす影響等にもかんがみ、十分慎重に対応する。

約30年前のこの閣議決定では今につながる建前が明確に示されている。つまり「専門的・技術的分野の外国人」については積極的に受け入れを促進するが、「いわゆる単純労働者」についてはその受け入れについて慎重に検討する（≒認めない）というスタンスである。

こうしたスタンスはその後の日本政府の政策方針の根幹として繰り返し唱え続けられることになるが、このとき作られた建前に沿って、日本の外国人労働者政策においては、現在三つのランクの外国人労働者が存在することになっている。

図表3-3　外国人労働者の三つの階層

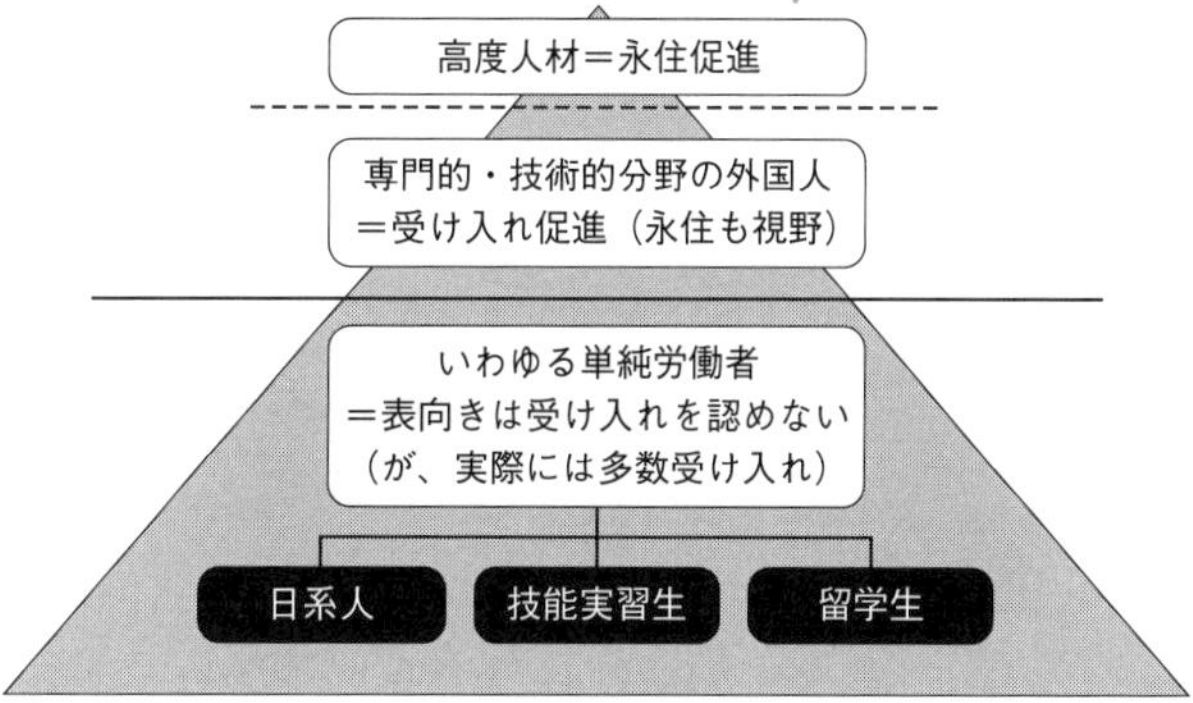

一つめは「いわゆる単純労働者」で、日本はその受け入れをしないことになっている。二つめは「専門的・技術的分野の外国人」で積極的な受け入れが奨励されている。三つめは「高度人材」で非常に短期間での永住権取得も含めて定住、永住が促進されている。

先に紹介した1988年の政府の文章からわかるように、元々このランク分けは「専門的・技術的分野の外国人」と「いわゆる単純労働者」の2階層だったが、のちに「高度人材」という概念が「専門的・技術的分野の外国人」の上澄みとして切り出されたような格好へと変化した。ただし、2015年に新設された「高度専門職」の在留資格を持つ高度人材の数はまだ少なく、最新のデータでも1万人に満たない。

いずれにせよ、1990年前後から今までまったく変わっていないのは、「いわゆる単純労働者は受け入れない」というスタンスである。この政府の表向きのスタンスは低賃金・非熟練の領域で外国人労働者を雇用したい産業側のニーズとマッチせず、結果として増大したのが就労を目的としない在留資格を持つ「事実上の外国人労働者」たちだった。

こうした建前と現実が乖離した外国人労働者受け入れのあり方について、「フロントドア」と「サイドドア」という言葉が使われることがよくある。フロントドアとは正面玄関のことで、「就労」目的の在留資格のことを指す。そして、フロントドアとの対比で、サ

図表3-4　フロントドア、サイドドア、バックドア

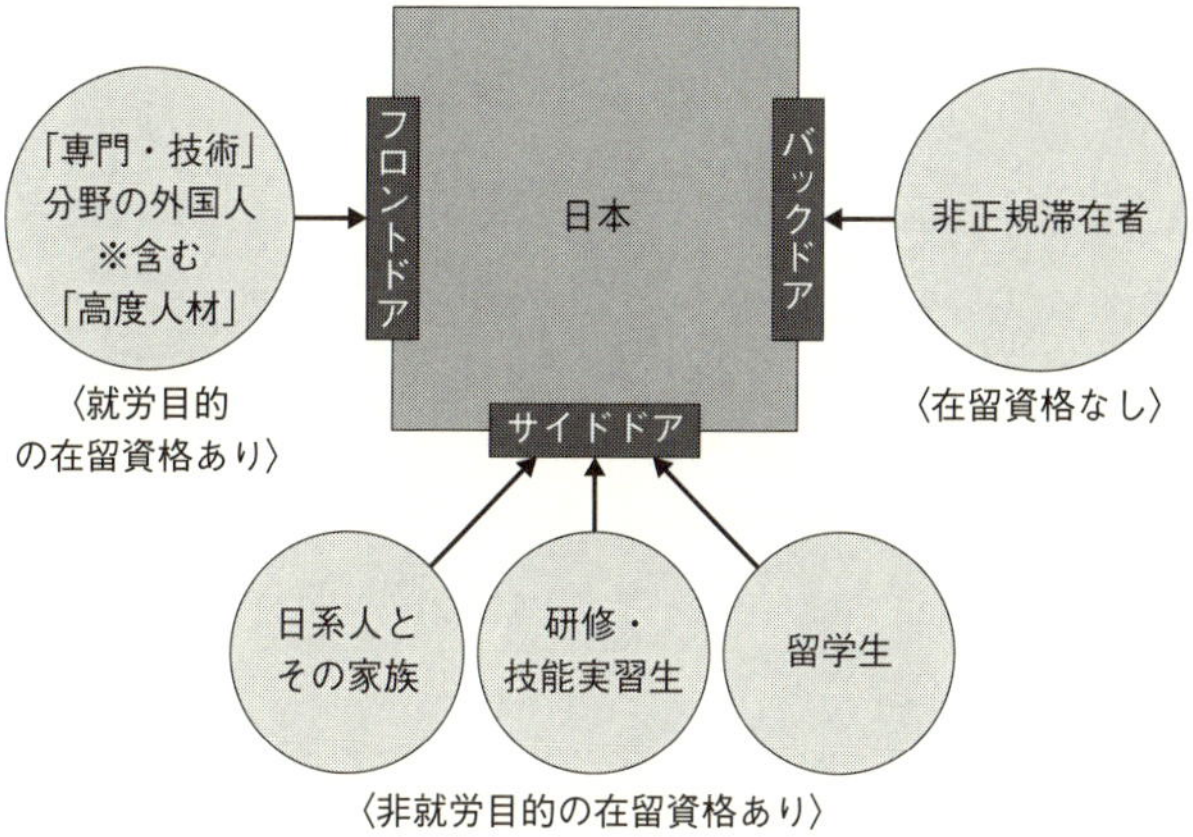

イドドアは非「就労」目的の在留資格のことを指す。

日本では「いわゆる単純労働者を受け入れない」という建前を維持しつつも、現実の労働需要に応えるためにフロントドアのほかにサイドドアを機能させるという道が選択されてきた。その結果が日系人とその家族、研修・技能実習生、留学生たちの急増である。

ちなみに、在留資格を持たない外国人が就労していることを指して「バックドア」と言われることもある。実は、非正規滞在者による就労は1980年代から1990年代前半にかけて、外国人労働者全体の中でも非常に大きな割合を占めていた。

建前の理由と欺瞞

ではなぜ日本政府は「いわゆる単純労働者を受け入れない」という建前を取っているのだろうか。この建前があるからこそフロントドアとサイドドアのねじれが発生しているわけで、ねじれを解きほぐすにはこの建前を取っているそもそもの理由を理解する必要がある。

1992年に閣議決定された「第7次雇用対策基本計画」では、まさにその点に関する様々な理由が列挙されている。

いわゆる単純労働者の受入れについては、雇用機会の不足している高齢者等への圧迫、労働市場における新たな二重構造の発生、景気変動に伴う外国人労働者の失業問題、新たな社会的費用の負担等我が国経済社会に広範な影響が懸念されるとともに、送出し国や外国人労働者本人にとっての影響も極めて大きいと予想されることから、国民のコンセンサスを踏まえつつ、十分慎重に対応する。

ここで最初に挙げられている理由は、外国人が日本人(特に高齢者)の仕事を奪ってしまうのではないかというものだ。外国人労働者の受け入れが語られる際に常に出てくる論点の一つである。

二つめに挙げられている理由は、労働市場が上層と下層の二階層に分かれてしまうのではないかというもの。つまり、労働市場の最底辺に外国人労働者が集中し、そこから上昇していく可能性が実質的に閉ざされた状態になってしまうのではないかという懸念だろう。

三つめの理由は、景気変動に伴う外国人労働者の失業問題。景気悪化によって外国人が集中的に失業した場合の対処に困るということだろうか。

四つめの理由は、外国人労働者の受け入れに伴う社会的費用の負担が大きくなってしまうという点。外国人を実際に受け入れる自治体の負担や、年金・医療など社会保障の負担についての懸念が想起されよう。

最後に、五つめの理由は送り出し国や外国人労働者本人にとっての影響とあるが、これが具体的に何を意味するのかはよくわからない。

このように、日本政府による外国人労働者受け入れに関する表向きのスタンスは、専門性や技術を持った外国人のみを限定的に受け入れ、それ以外の外国人労働者は様々な社会的影響を考慮して受け入れない、というものだった。

人によって賛否はあるだろうが、外国人労働者を受け入れる業種やスキルの水準について何らかの形で限定をするというスタンス自体は存在しうるし、先の文書でその根拠として挙げられている理由も理解できないものではない。

しかし、ここに根本的な欺瞞《ぎまん》が存在することは明らかだ。表向きは「いわゆる単純労働者」の受け入れに伴う様々な懸念を表明しておきながら、裏側では「いわゆる単純労働者」をサイドドアから積極的に受け入れてきたのだから。自分自身で並べ立てたもっともらしい懸念は一体どこに行ってしまったのだろうか。

「いわゆる単純労働者」とは何か

ここまで政府の言葉づかいをなぞって「いわゆる単純労働者」という不自然な言い回しを用いてきたが、改めてその言葉が具体的に何を意味するのかについて考えてみたい。

「いわゆる単純労働者」について考えるとき、大きく四つの側面に分けて考えることが理解を助けるように思う。①賃金の安さ、②重労働・肉体労働、③雇用の不安定さ（≒有期雇用であること）、④専門性の低さ、この四つである。

政府による「いわゆる単純労働者」という言葉においては、「専門的・技術的分野」という言葉との対比において、④専門性の低さの意味合いが特に強調されている。だが、専門性の低さのみに着目することで、その他の側面が見えづらくなってしまうことには気をつけなければならない。

また、「単純労働」という言葉が特定の職業に対する差別や偏見につながってしまう危険性についても十分な注意が必要だ。政府が「専門的・技術的分野」とは認めず、技能実習生や日系人によるサイドドアからの受け入れで対応してきた業種だからといって、その職種に「専門性」がないわけではないし、継続的な就労によってスキルの発達が起きないわけでもない。きれいに線引きすること自体が元より不可能な類の話である。

重要なのは、終身雇用と年功賃金をベースにした正規雇用の世界から区別され、周縁化された「もう一つの世界」の中で、日本人労働者と外国人労働者が共存してきたということだ。低賃金、重労働、不安定、非熟練――こうした仕事は派遣労働者や学生アルバイト、女性のパート労働者など、「非正規雇用」の日本人労働者たち、そしてサイ

図表3-5 「いわゆる単純労働者」の様々な側面

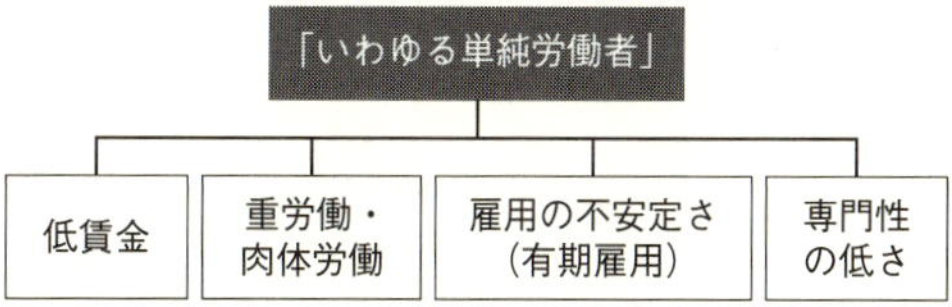

図表 3-6　非正規雇用者の割合の推移

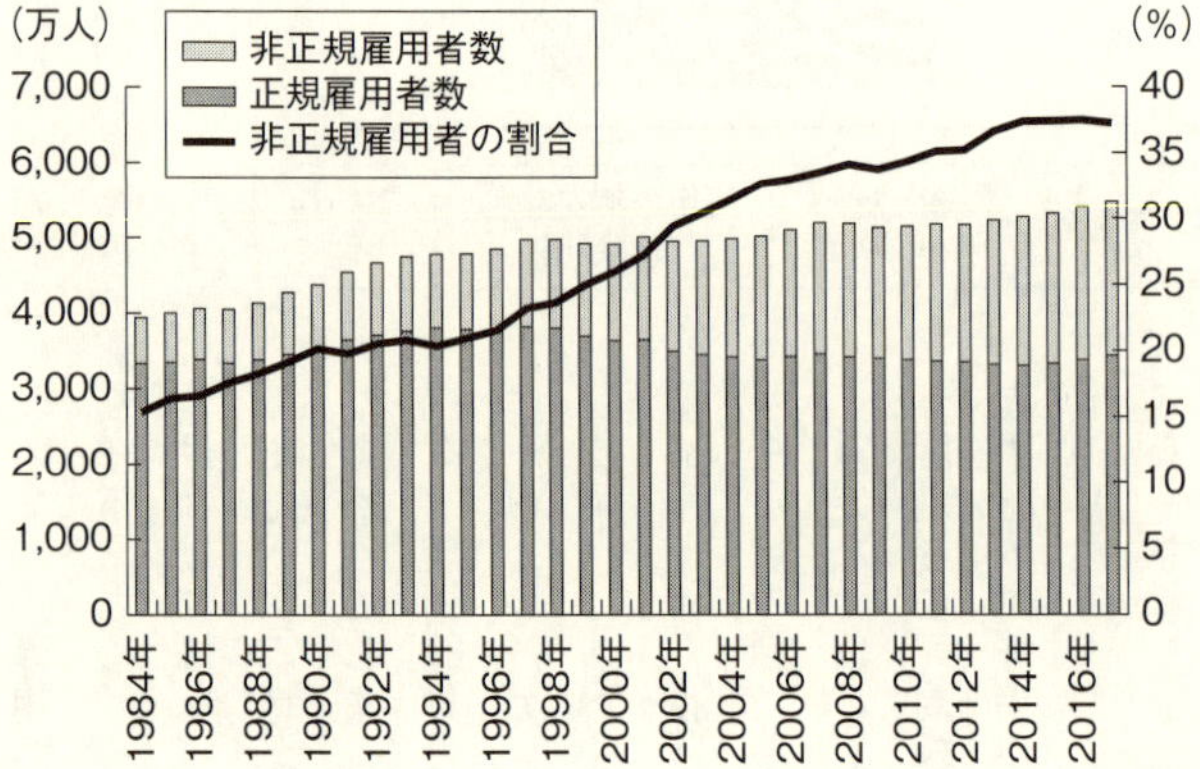

出典：労働政策研究・研修機構

ドドアからの外国人労働者たちによって担われてきたのだ。政府自身がかつて懸念した「労働市場における新たな二重構造の発生」はすでに現実のものとなっている。

広がる非正規雇用の世界

日本の雇用全体に占める非正規雇用の割合は年々高まっており、サイドドアから招き入れられた外国人労働者の多くが編入されたのもこの一時的で交換可能な労働者の世界にである。その特徴は、すでに多くの日本人自身が知っているように、永続的な不安定性と社会的な上昇可能性の小ささであるが、雇う側から見るとその同じ特徴が柔軟さ（フレキシビリティ）として映る。つまり、景気の循環や事業の状況によって、雇ったり解雇したりを柔軟に選択できる対象だということだ。

留学生アルバイトが非正規雇用であることはもちろんのこと、ブラジル人労働者についても「派遣・請負」の比率が55・1％で半数を優に超えている。技能実習生に至っては、最低賃金違反などの悪質な事例も数多く指摘されており、非正規雇用の中でもより一層下位のレイヤーへと組み込まれている。

相対的な専門性の低さは、ほかの労働者との代替可能性の高さを意味する。そして、その交換可能性の高さが低賃金と過酷な労働の受忍を要求することにもつながっていく。「いわゆる単純労働者」という言葉の背後には、日本人の非正規労働者の増加とも一体となった、「安価で不安定な労働者たちの世界」が広がっているのだ。

外国人労働者の主軸の変遷

外国人労働者の「主軸」は時間とともに移り変わってきた。バブル期以降、産業界による低賃金の外国人労働者の活用は在留資格を持たない「非正規滞在者」から始まり、その後急増する「南米日系人」によって代替されていった。超過滞在者の統計上のピークは1993年でそれ以降長期的に減少し続けている。その後、2008年のリーマンショックを契機に一気に減少した日系人を代替するように伸びたのが「技能実習生」と「留学生」である。

いくつかターニングポイントを挙げるとすれば、超過滞在者を日系人が追い抜いたのが2000年、そして留学生が日系人を追い抜いたのが2015年、研修・技能実習生が日系人を追い抜いたのが2016年である。

1990年代は超過滞在者が先行し、日系人がそれに追いついた時代だった。2000年代は日系人が引き続き増加していくもののリーマンショックで一気にその流れが変わった時代だった。そして2010年代に入ると減少を続ける日系人に代わって技能実習生と留学生が外国人労働者の主軸に躍り出ることになったのである。

こうした変遷は政策の変更（例：新たな在留資格や制度の創設）、産業側のニーズの変容（例：震災後の建設需要の増加）、人材ビジネスの発達など、様々な要因の組み合わせの中で起こってきた。ここでは人材ビジネスの発達の一例として、技能実習生の様々な企業への送り出しに関わる「異業種組合」について紹介しよう(1)。

研修・技能実習制度の最初期には同じ地域や業種の中小零細企業が共同で組合を作り、自分たち自身が必要とする外国人を共同で受け入れていた。しかし、研究者の上林千恵子

図表 3-7　技能実習生と日系ブラジル人の賃金格差

	2000 年	2005 年
技能実習生（1 年目）	8.1 万円	7 万円
技能実習生（2 年目以降）	11.8 万円	11.7 万円
日系ブラジル人 （時給を 8 時間×20 日換算）	17.8 万円	17.4 万円

出典：津崎克彦「現代日本における産業構造の変化と外国人労働者」より（駒井洋監修、津崎克彦編著『産業構造の変化と外国人労働者——労働現場の実態と歴史的視点』明石書店、2018年）

によると、２０００年代に入って低賃金の外国人労働者を欲する他企業に対する実習生の送り出し自体を事業とする人材ビジネスへの進化が起こったという。これが異業種組合だ。

こうした異業種組合にはいくつかの成り立ちがあるという。一つはかつて自社で実習生を受け入れていたがその後人材ビジネスの方が儲かると踏んでそちらに特化していったケース。もう一つはすでに日本人や南米日系人の派遣業を営んでいた企業が、実習生も取り扱いメニューに加えるために新しく実習生の受け入れ団体を立ち上げたケースである。

異業種組合による人材紹介事業において、日本人や南米日系人、実習生たちが「労働者」という同じジャンルの商品として混ざり合う。受け入れ企業からすれば、実習生はいくつかのメリットがある商品だ。賃金が低く、転職できず、終身雇用でもない。ただしその裏返しとして、仕事を教えても数年で帰国してしまうため、常に新しい実習生で置き換え続けなければいけないというデメリットもある。

政府が用意した様々なカテゴリーの外国人労働者は、自由な人材市場の中で「商品」としてのメリットとデメリットを比較され、選択される。日本人労働者と外国人労働者のバランスの変遷や外国人労働者における主軸の変遷は、それら一つひとつの選択の結果として発生している。

不可視化する外国人たち

外国人労働者はただ「労働者」としてのみ存在するわけではない。彼らは当然「消費者」でもあり、地域の「住民」でもあり、その子どもたちは学校の「生徒」でもある。しかし、本当はその場所、その時間に存在するはずの彼らの存在が社会の中で見えづらくなっているという現実がある。なぜなのか。

研究者の梶田孝道、丹野清人、樋口直人は、日系ブラジル人を主題とした2005年の著作『顔の見えない定住化』において、その主題となる「顔の見えない定住化」を次のように定義している――「外国人労働者がそこに存在しつつも、社会生活を欠いているがゆえに地域社会から認知されない存在となること(2)」。

「顔の見えない定住化」は二つの要因の重なり合いの中で進行するという。一つめの要因が「長時間労働」だ。日系ブラジル人の多くは工場で朝早くから夜遅くまで働いているため、同じ地域で暮らす人と物理的に顔を合わせる機会が少なくなる。

二つめの要因は「請負労働力化」だ。日系ブラジル人の多くは請負業者に間接雇用されており、実際に働く先は請負業者の複数の取引先工場の労働力需要に応じて変わっていく。彼らは請負業者が借りている団地などの寮に住んでいて、送り出し先の工場が変わればまた別の寮に移っていく。これによって、近隣の住民からすると、その部屋に誰が住んでいるのかよくわからない状態になってしまうのだという。

日系人労働者たちの生活のあり方は様々な形でその不安定な就労のあり方に大きく依存している。こうした環境の中で発生しているのが、外国人の子どもたちの「不就学問題」だ。住む場所が頻繁に変わったり、地域との接点がうまく作れなかったりする中で、多くの外国人労働者の子どもたちが学校教育の機会からこぼれ落ちてしまっている。研究者の小島祥美による最新の推計によれば、義務教育年齢相当の外国人の子どもたちの7・2%が不就学の状態にあるという(3)。

こうした状況に対して、社会の側は適切に応答できているのか。毎日新聞が2019年1月に発表した全国100自治体に対する独自のアンケート調査の結果によると、住民登録されている外国籍の子どもの少なくとも2割の就学状況が把握できていないことがわかったという。さらに、調査対象となった自治体の4割近くにおいては、公立の小中学校に在籍していない子どもたちについての調査すら行われていなかった(4)。

日本では今でもなお外国人が就学義務の対象となっていない。住民登録をしている外国人には就学案内が送られるが、外国人の親が子どもを就学させる義務はないのである。国や多くの自治体が不就学の実態調査に本腰を入れないのにはこうした背景がある。しかし、多くの子どもたちから公的教育を受ける権利が実質的に奪われている状況は看過できないものだ。

外国人やその子どもたちが社会の中で「見えない存在」になっている。そして、不可視であることによって、彼らが抱えている問題もまた見えないまま放置されているのだ。

雇用の調整弁

政府が「いわゆる単純労働者を受け入れない」という建前を取った理由の中には「景気

変動に伴う外国人労働者の失業問題」も含まれていた。実際にはサイドドアから多数の外国人労働者が受け入れられていく中で、この懸念が最も大規模に現実化したのが２００８年9月のリーマンショックであった。

最大の影響を被ったのが製造業で働く南米日系人である。２００７年末に31・7万人いた在日ブラジル人は、５年後の２０１２年には20万人を割り込むまでに減少した。在日ペルー人も同時期に6万人から5万人未満へと減少している。日系人労働者の一斉解雇は彼らが雇用の調整弁として見られているという現実を明瞭に物語っていた。

日系人の減少は失業による自発的な帰国だけが原因ではなかった。厚労省が打ち出した「日系人帰国支援事業」も日系人たちの決断を後押しした。この事業によって政府は一人当たり30万円の帰国費用を支給して日系人たちの帰国を促した。外国人にだけ適用される奇妙な「失業対策」だった。

日系人たちはなぜたったの30万円で帰国を決断したのか。ある日系人の方に聞くと、それまで必死に蓄えてきたなけなしの貯金が失業によってどんどん失われていくことに対して大きな恐怖を覚えたという。また、30万円というのはブラジルやペルーへの航空券なら買うことができる程度の生々しい水準だ。政府からすれば失業した日系人の生活を直接支

図表 3-8　日系人帰国支援事業による都道府県別出国者数

都道府県	県別総数	国籍		
		ブラジル	ペルー	その他
(1)　愛知県	5,805	5,547	150	108
(2)　静岡県	4,641	4,387	158	96
(3)　三重県	1,681	1,487	83	111
(4)　群馬県	1,458	1,298	94	66
(5)　滋賀県	1,449	1,321	55	73
(6)　長野県	1,345	1,266	47	32
(7)　岐阜県	1,185	1,161	13	11
(8)　茨城県	633	589	29	15
(9)　神奈川県	567	386	93	88
(10)　埼玉県	506	450	44	12
その他	2,405	2,161	137	107
全国計	21,675	20,053	903	719

出典：厚生労働省

えるよりは安く上がるという判断もあったのではないか。

厚労省によると２００９年度に実施されたこの事業によって、１年間で２万１６７５人が帰国している。特に、自動車関連などの製造業で働く日系人が多い愛知と静岡の二県からの帰国者だけで、その数は１万人以上にのぼる。

日本は１９８９年の入管法改正で在留資格「定住者」を新設し、日系人の受け入れを本格化した。「定住者」によって、日系三世までもが日本で居住することができるようになったのだ。「定住者」は永住資格ではないものの、更新が可能で、就労など活動の制限もない。永住権の申請にかかる在留期間も通常の10年間よりも短い5年間であることがガイドラインで明示されている。そして、「定住者」という名の通り、日系人による定住化は進み、永住権を取得する者も多数現れたのはすでに触れた通りだ。

しかし、そこでリーマンショックが起こった。このとき、失業したのは外国人だけではない。多数の日本人も失業した。当時の「年越し派遣村」を覚えている方も多いだろう。リーマンショック後のような大規模な失業が発生した際、政府が行う対策の第一は企業を支援して雇用をつなぎとめることである。また、すでに失業してしまった労働者の生活を支え、次の仕事がなるべく早く見つけられるよう支援を行うことも重要な政策だ。

しかし、日系人に対しては再就職の支援だけでなく「帰国の支援」も行った。自ら「定住者」の在留資格を与え、形式上は定住を促してきた人々に対して、ひとたび雇用危機が起きたとたんにその「帰国」をサポートするとは一体どういうことだろう。理屈として破綻してはいないだろうか。

労働政策研究・研修機構労働政策研究所長の濱口桂一郎も、2010年の論文で「帰国支援事業」に触れてこう書いている。「本来『定住者』の頻繁な往来にいちいち援助をおこなうことは筋が通らない。その意味で、この日系人離職者帰国支援事業は『サイドドア』の虚妄性を白日の下にさらしたといえる(5)」。ここでも建前と本音とが大きく乖離しており、その乖離に翻弄されてきたのはあくまで外国人の方だったというわけなのだ。

日本は選ばれ続けるのか

こうして一時は外国人労働者における最大勢力だった日系人の数は大きく減少した。しかし、それはリーマンショックという一時的な事象だけを原因とするものではない。中長期的な要因としてボディブローのように効いていたのが、出身国であるブラジルやペルーの経済成長による日本との間の経済格差の縮小である。

特にブラジルはＢＲＩＣｓの一角を占めるまでの急成長を遂げており、１９９０年頃はわずか３０００ドル程度だった一人当たりのＧＤＰが、２０１０年頃には１万ドルの大台を突破している。ご存知の通り、その間日本の経済規模はほとんど変わっていない。

日本が外国人労働者に大きく門戸を開いた１９９０年前後というのは、日本経済の絶頂期でもあった。発展途上国との経済格差がどんどん開き、円の価値もどんどん上がり、日本で出稼ぎ労働をすることの価値はとても大きかった。しかし、その後の平成という時代

図表3-9　1人当たりGDPの推移

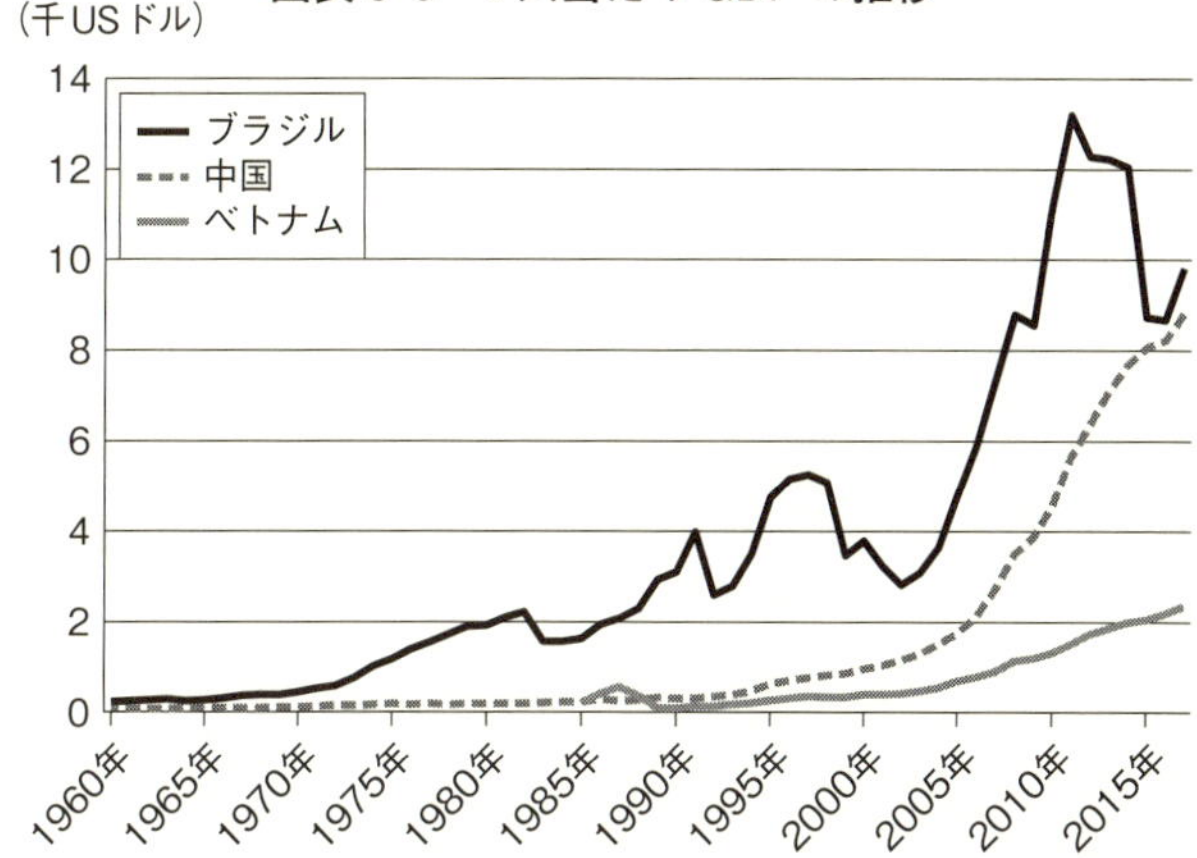

出典：世界銀行

は日本経済が停滞した30年間だった。発展途上国との経済格差、賃金格差は一気に縮まっていったのである。

リーマンショックは一つの大きなきっかけであり、時計の進むスピードを大いに速めただろう。しかし、方向性自体はより長期の要因によって決定されていたとも言える。ブラジルが成長したら中国に、中国が成長したらベトナムに、そうした経済格差をテコにした送り出し国の変遷はどこかで限界を迎える。なぜなら一般的に発展途上国の方が日本よりも速いスピードで成長しているからだ。

すでに、ブラジルや中国からの流入はピーク時よりも弱まり始め、アジアの中でも経済水準のより低い国への移行が始まっている。ベトナムやネパール出身の労働者が増えているのは偶然ではない。

しかし、ベトナムの一人当たりGDPも2017年にはすでに2007年ごろの中国と同じ水準にまで成長しており、現在の勢いがいつまで続くかは定かではない。これまでと同じように順次経済水準の低い方へ低い方へと労働者の供給源を移していっても、日本が経済成長しない限り経済格差はどんどん縮まっていく。

しかも、韓国や台湾など、日本以外のアジア諸国との間で、外国人労働者の獲得競争が起こっている。すでに急激な高齢化へと片足を突っ込んだ中国がこれからこの競争に加わってくる事態も視野に入っている。

今後も日本の経済水準の高さを暗黙の前提とし、ドアさえ開けばいつでも必要とする外国人労働者が入ってくるだろうと考えるのは楽観的に過ぎる。

停滞する「日系四世」の受け入れ

こうした懸念を証拠立てるかのような事態も進行している。2018年7月から始まった「日系四世」の受け入れ制度が停滞しているのだ。報道によれば2018年12月時点での入国者数はわずか4人にとどまっている(6)。政府は1年間の上限受け入れ人数を4000人と設定していたものの、遠く及んでいないというのが現状だ。

日系人の受け入れはこれまで在留資格「定住者」を中心に行われてきたが、その対象は日系三世とその配偶者までであった。三世の子どもの四世については、三世の扶養を受ける未婚で未成年の場合に限られていたのである。こうした状況に対して、日本政府が新しく門戸を開いた。日系四世受け入れの建前は次の通り「日本文化の習得」であるが、就労は原則自由。実質的には新たなサイドドアだと言えるだろう。

> 本制度の目的は、我が国において日本文化を習得する活動等を行っていただく機会を設けることを通じて、日本と海外の日系社会との架け橋となる日系四世の方々を育成することを目的としています(7)。

この制度がうまくいっていない理由は明白だ。日系四世に対しては二世、三世に対するよりもはるかに厳しい条件を課したからである。どんな条件か。

・滞在は最長5年間（定住は不可）
・就労は原則自由
・18歳以上30歳以下まで
・家族帯同は不可
・本国などでの犯罪歴がないこと
・健康であり医療保険に加入していること
・預貯金や来日後の就労見込みなどで生計維持が担保されていること
・帰国旅費が確保されていること
・入国時に日本語能力試験のN４程度の日本語能力が必要（3年目以降に進むにはN３程度が必要）
・3年目以降に進むには「日本文化及び日本国における一般的な生活様式の理解が十分に深められていること」が必要

このリストには政府によるある種の「反省」のようなものが感じられる。つまり、滞在期間の上限を設けず一定範囲での家族呼び寄せも可能にしたことからその多くが定住にいたった「日系二世、三世とは同じ轍を踏むまい」という意思を感じるのだ。そして、政府が理想とする外国人像がこと細かに表現されているようにも見える。

若くて健康、病院を利用せず、単身で家族を持たず、ある程度は日本語ができ、犯罪歴もなく、社会保障に頼らずとも自分の生計を維持でき、数年以内には自分のお金で帰国していく——このリストには現在の政府が理想とする外国人像が投影されているように見える。のちに詳述する「技能実習」や「特定技能」の性格と相通ずる点も少なくない。

だが、こうして「理想」の条件を提示した結果は、年間最大4000人の見込みに対して実際の入国者が半年でわずか4人だけというものだった。

先に述べた通り、日系人が多数いる国々でも経済成長は進み、日本との経済格差は縮小している。自らの都合のみに基づいて制度を作っても、相手にとってのメリットがなければわざわざ日本に来る者などいない。この当然すぎる事実は、日系四世の受け入れのみに限らず、これからの外国人労働者受け入れの全体に関わるものだろう。

もし今後も日本で働くことにメリットを感じる外国人を一定の規模で確保し続けたいのであれば、過去に作ってしまった建前と現実の乖離をなるべく早く克服しつつ、現在ある制度を誰にとってもフェアで透明性の高い制度へと着実に作り変えていく必要があるのではないだろうか。

（1）上林千恵子『外国人労働者受け入れと日本社会――技能実習制度の展開とジレンマ』東京大学出版会、２０１５年、１３９～１４２頁

（2）梶田孝道・丹野清人・樋口直人『顔の見えない定住化――日系ブラジル人と国家・市場・移民ネットワーク』名古屋大学出版会、２００５年、72頁

（3）小島祥美「〈ジモト〉をつくる外国人教育――不就学ゼロを目指して」１４０頁（『世界』２０１８年12月号、岩波書店、２０１８年）

（4）「外国籍の子1・6万人　義務教育対象外　１００自治体調査」毎日新聞　２０１９年1月7日 https://mainichi.jp/articles/20190107/ddm/001/040/149000c
「外国からきた子どもたち　外国籍就学調査、4割せず　登録上位１００自治体」毎日新聞　２０１９年1月10日　https://mainichi.jp/articles/20190110/ddm/041/040/096000c

（5）濱口桂一郎「日本の外国人労働者政策」２８８頁（五十嵐泰正編『労働再審②――越境する労働と〈移民〉』大月書店、２０１０年）

（6）「新在留資格で入国「4世」わずか4人…条件が壁」読売新聞　２０１９年1月4日 https://www.yomiuri.co.jp/national/20190104-OYT1T50119.html

（7）法務省「日系四世の方への手引き」http://www.moj.go.jp/content/001277056.pdf

第４章　技能実習生はなぜ「失踪」するのか

本章では技能実習制度に焦点を当てる。

サイドドアの意味するところが、名目上は「労働者」ではない外国人を「事実上の労働者」として低賃金の労働分野へと導入していくことであるとすれば、国際貢献を建前としながら、全国の中小零細企業に対して低賃金の労働者を供給してきた技能実習制度は、日本の外国人労働者政策の一つの象徴だとも言えるからだ。

技能実習では、最低賃金以下での労働も横行してきた。外国人を日本人ではありえない条件で働かせるためのエコシステムが発展し、巨大化していった。普段それと意識する機会は少なくても、技能実習生たちの労働は私たちの日々の暮らしに深く浸透している。

また、章の最後では留学生のアルバイトについても触れる。ここ数年での増加が著しいこれら二つのサイドドアは、構造的に類似している部分が多く、そこで発生している問題にも共通性がある。

技能実習生の増加と多様化

さて、技能実習制度については、劣悪な労働環境や様々な人権侵害に関してこれまでも数多くの指摘がなされてきた。近年では、実習生の数が一気に増加する中で、実習先から

図表4-1　技能実習生数（国籍別）

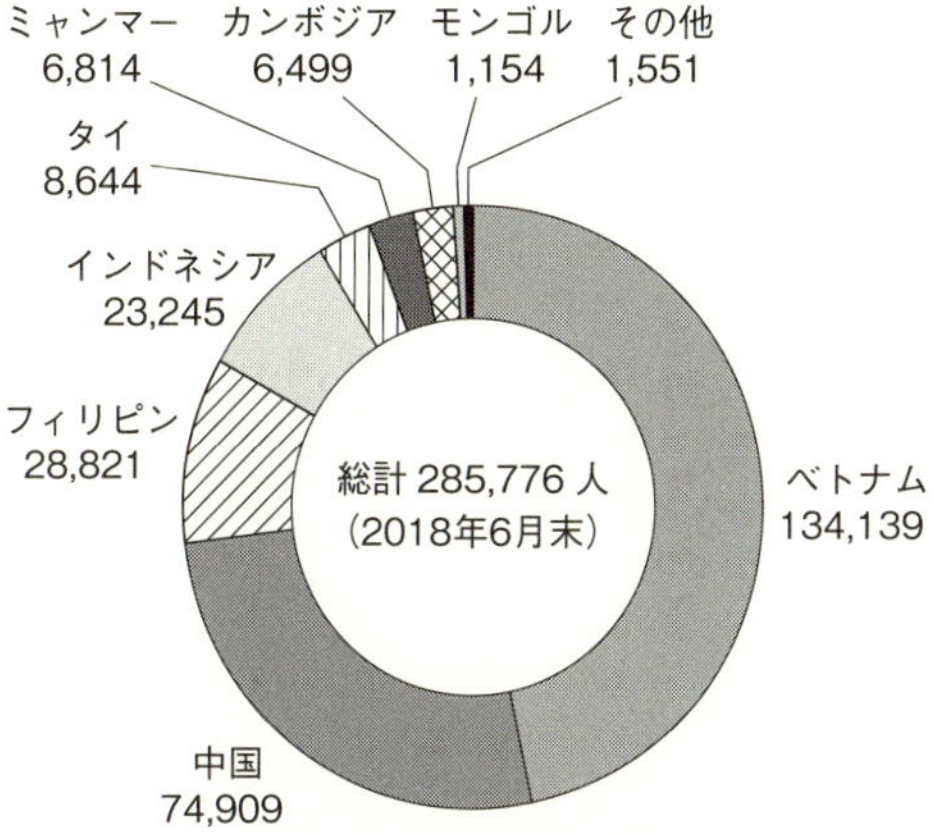

出典：在留外国人統計（2018年6月末）

「失踪」する実習生も増えている。技能実習とはどんな制度なのか。なぜ日本はこの問題だらけの制度を外国人労働者政策の一つの基軸としてきたのか。

技能実習制度の説明に入る前に、直近の実習生の状況について整理しておきたい。

まず、技能実習生の数は伸び続けている。特に2015年ごろからここ数年の伸び幅が大きく、2011年には14・2万人だったそれが、2018年6月末には28・6万人にまで急増している。

出身国別に見ると、1位のベトナムが13・4万人。そのあとに中国（7・5万人）、フィリピン（2・9万人）、インドネシア（2・3万人）、タイ（0・9万人）と続く。ベトナムだけで全体の46・9％を占め、2位の中国と合わせると全体の約4分の3（73・2％）を占める。上位5ヵ国で全体の94・4％だ。つまり、技能実習生に関わる問題とは、そのほとんどがベトナムと中国を中心とするアジア諸国出身者との間での問題であるということができるだろう。

出身国別の特徴で押さえておきたいのは、2011年時点では全体の75・8％を一国で占めていた中国の割合が2017年には28・3％にまで急減していることだ。この変化は、中国人実習生の実数自体が減少していることに加え、ベトナムやフィリピンなど、その他の国からの実習生の数が増加していることにも起因している。

1993年の制度創設以来、常に技能実習生の大きな割合を占めてきたのが中国出身者だった。しかし、中国自身の経済成長もあり、中国からの流入はすでに減少を始めている。そして、その穴を埋めるように、ベトナムなど中国より貧しいその他のアジア諸国からの流入が増加しているのだ。

技能実習の建前と現実

技能実習制度の本質にあるのも「建前」と「現実」の乖離である。まずは建前の方から確認しよう。２０１７年11月に施行された技能実習法（外国人の技能実習の適正な実施及び技能実習生の保護に関する法律）の第一条は技能実習の目的をこう定義している。

（……）人材育成を通じた開発途上地域等への技能、技術又は知識（以下「技能等」という。）の移転による国際協力を推進することを目的とする。

ここに明確に示されている通り、技能実習制度の建前は先進国たる日本から発展途上国への技能等の移転による国際協力だ。ＯＤＡの位置付けに近い。派遣された日本の職場でのＯＪＴ教育を通じて身につけた技能を持ち帰り、自国の発展に活かしてもらうということである。表向きは、日本は与える側であって与えられる側ではない。

だがその建前とは裏腹に、技能実習制度は表向きは受け入れを認めていない低賃金の出稼ぎ労働者たちをサイドドアから受け入れるための方便として機能してきた。地方にある工場や、日本人労働者を採用しづらい重労働かつ低賃金の職場にとって、この制度は労働者を継続的に獲得して事業を維持していくために必要不可欠なシステムとなってきた。

実習生が特に多いのは、食品製造、機械・金属、建設、農業、繊維・衣服などの第一次及び第二次産業である。かつては繊維・衣服が非常に多かったが、最近は食品製造や建設、農業などの分野での伸びが著しい。

だが、問題は国際貢献という建前と非熟練労働者の受け入れという現実との間に大きな乖離があるということばかりではない。より大きな問題は、その乖離が実習生に対して様々な具体的被害を引き起こしてきたということにある。

法令違反とその不可視化

技能実習制度に常につきまとってきたのが劣悪な労働環境だ。長時間労働、最低賃金違反、残業代の不払い、安全や衛生に関する基準を下回る職場環境、暴力やパワハラ、セクハラなどである。２０１７年に厚労省が労働基準監督署を通じて全国約６０００の事業場を対象に行った監督指導では、なんとその7割以上で労働基準関係法令違反が認められた。7割以上というのは圧倒的な数字である。何のために法律があるのかと考え込んでしまうほど高い割合だ。

違反の内容は、労働時間に関する違反が最多の26・2％、以下、安全基準、割増賃金の支払いや就業規則に関する違反、労働条件の明示や賃金の支払いそのものに関する違反な

図表 4-2　技能実習の実施者に対する監督指導状況

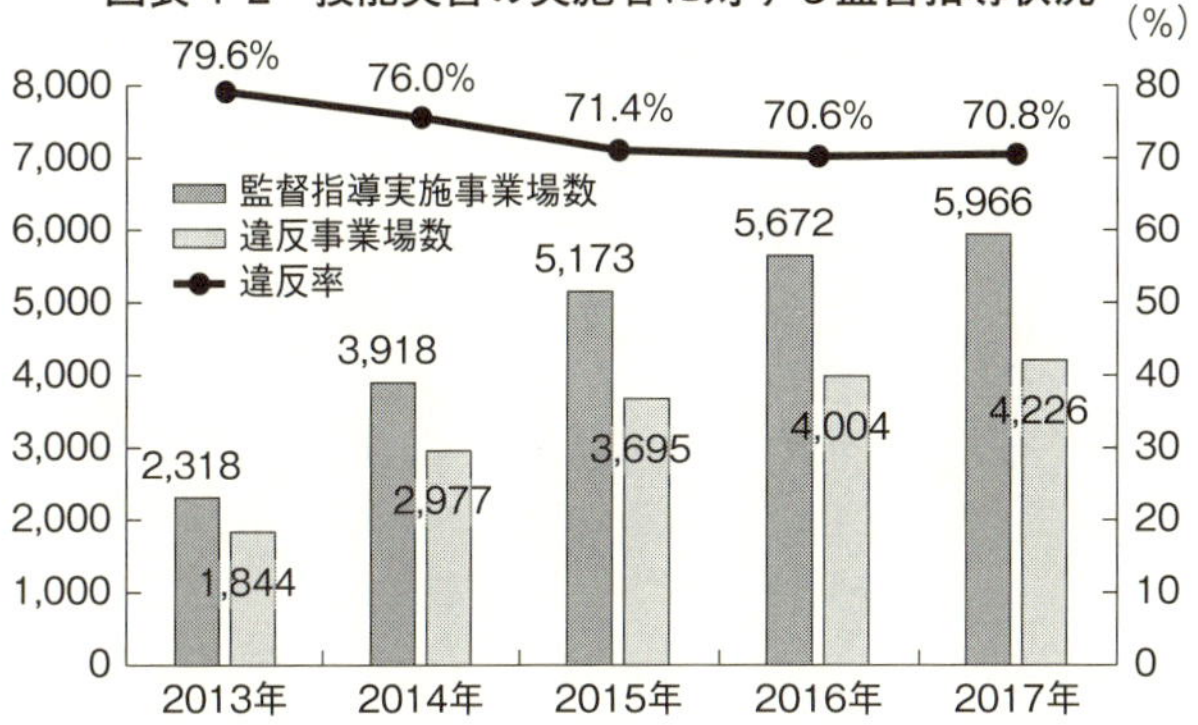

出典：厚生労働省

図表 4-3　技能実習の実施者による主な違反事項

違反事項	違反事業場数
労働時間	1,566
安全基準	1,176
割増賃金の支払	945
就業規則	551
労働条件の明示	541
賃金の支払	526
健康診断	477
衛生基準	473
賃金台帳	448
法令等の周知	342
寄宿舎の安全基準	148
最低賃金の支払	92

出典：厚生労働省

どが続く。

しかし、こうした外部からの調査がなければ現場の法令違反が明るみに出ることはほとんどない。同じ厚労省の調査によれば、２０１７年に技能実習生から労基署に対して法令違反の是正を求めてなされた申告はわずか89件に留まった。

厚労省が監督指導した約6000の事業場も含め、実習生を活用している企業はおよそ4万8000社にのぼる。そして、実習生自体は2017年時点で25万人以上も存在していたのだ。にもかかわらず、実習生から労基署に対してなされた申告は1年間でわずか89件しかなかったわけである。本来なら届くべき声の多くが届かず、不可視の状況に置かれていることが容易に想像されるだろう。

こうした数字を見ると、否が応でも二つの疑問が頭をもたげてくる。一つめは、なぜこんなに多くの法令違反が横行しているのかという疑問。もう一つは、70%以上もの企業で法令違反があるにもかかわらず、なぜほとんどの技能実習生は労基署に対して助けを求めることができないのかという疑問である。

法令違反の横行とその社会的な不可視化には、技能実習の制度そのものに埋め込まれたいくつもの構造的な要因が絡まり合っている。このあと順に見ていきたい。

ブローカーの介在

一つめの要因は、実習生の募集やマッチングに介在する国内外の民間ブローカーの存在だ。

技能実習生の受け入れ方には大きく分けて二つのタイプが存在する。一定規模以上の企業が実習生を直接雇用する「企業単独型」と、中小零細企業が組合や商工会などを通じて間接的に実習生を受け入れる「団体監理型」だ。実は実習生全体の96・6%が後者の団体監理型によって受け入れられている（2017年末時点）。

外国人労働者の問題と聞くと日本の大企業が外国人をこき使っているようなイメージを持つ方も多いかもしれないが、少なくとも技能実習制度に限ってみれば、紛れもなく中小零細企業に労働力を送り込むための制度として機能している。そして、そのことが、この制度が多くの問題を構造的に発生させてきたこととも深く関わっている。

実習生と実習先とのマッチングは、送り出し国と日本の双方に存在する民間のブローカーが介在して行われている。一般論として労働者のマッチングは公的な機関（ハローワークなど）が無料で行うこともありえるし、民間の事業者が有料で行うこともありえるが、実習生については後者のパターンが取られている。しかも、団体監理型では最低でも二つの民間事業者が挟まっている。それが、送り出し国側の「送り出し機関」と受け入れる日本側の「監理団体」である。

送り出し機関や監理団体という言葉だけ見るとよくわからないと思うが、両者ともにその本質は民間の人材事業者である。実習生（候補）に対する日本語教育や職業上の研修、日本での生活面でのサポートなど、通常の人材ビジネスよりも対応範囲は広いものの、あくまでコアにあるのは人材の募集とマッチングだ。

実習先となる中小企業にとって、外国で暮らす労働者や外国の人材会社を自力で開拓することは簡単ではない。政府が間に挟まって紹介をしてくれればいいのだが、現状はそういう仕組みになっていない。結果として、民間の人材事業者に頼って手数料を払わざるを得ないため、実習生本人に支払う賃金を削り込むことになる。

労働者と受け入れ企業との間に挟まる中間事業者が多ければ多いほど、企業が実習生に支払うことができる給与は少なくなってしまう。当然のことだ。この点が、技能実習生が日本人の低賃金労働者よりさらに深刻な低賃金状態に陥りやすい一つめの制度的な要因となっている。

来日前の多額の借金

二つめの要因は、実習生が来日前に作っている多額の借金だ。

実習生を集める送り出し機関の中には、日本への渡航に必要な費用として１００万円を超える金額を要求するところもある。多くの実習生候補はこの渡航前費用を支払うことができないため、多額の借金をしている。さらに、保証金や違約金の契約を結び、家族などを保証人に入れさせられるケースも存在する。

なぜ実習生側は多額の借金という大きなリスクを取るのか。それは、日本で働けばその借金を返済してもなお元が取れるほどの給料をもらえるという話を信じているからだ。しかし、その話が真実であるためには二つの条件が必要である。一つは賃金が事前の約束通りに支払われるという条件、そしてもう一つは実習先で借金返済に必要な期間は働き続けられるという条件である。

これら二つの条件のうちいずれかの条件が崩れると、実習生は窮地に追い込まれる。一つは賃金が約束より低い場合。約束が守られなくても借金が減るわけではないため、契約賃金以下、時には最低賃金以下の低賃金で働き続けることを余儀なくされる。どんなに過酷な労働環境でも、あるいは職場で暴力やセクハラが横行していても、最初の借金がなくなるわけではないので帰国という選択肢を選ぶことができなくなってしまう。

もう一つは「強制帰国」の恐怖で脅される場合である。強制帰国とは、実習期間の途中に、本人の意思にかかわりなく、実習先（含む監理団体）側の理屈で無理やり帰国させることである。強制帰国の恐怖によって、借金の返済前には帰国できない実習生が、実習先の言いなりにならざるを得ないという構造がある。

来日前に作ってしまった大きな借金のせいで、多くの実習生は「進むも地獄、退くも地獄」の状況に追い込まれてしまうのだ。

転職の不自由と孤立

三つめの要因は、実習生には職場移動の自由が与えられてこなかったということである。職場移動の自由が制限されているということは、運悪く悪質な企業に当たってしまった場合に対抗手段が著しく限定されるということを意味する。通常の労働者には悪質な事業者や相性の悪い職場を去って別の職場を探すための自由があるが、実習生にはその自由がない。たまたま割り当てられた企業に残るか、帰国するかという選択になり、それ以外の選択肢がない。もし渡航前の借金が残っている場合には、帰国という選択肢も実質的に奪われることになり、実習先が悪質でも従属せざるを得ない状況に陥ってしまう。

２０１７年の技能実習法によって「外国人技能実習機構（ＯＴＩＴ）」が創設された。現在ではこの機構が実習生からの相談に対応し、転籍先の調整も含む支援を実施することとなっている。しかしまだ始まったばかりの制度であり、どこまで実効性をもった仕組みになっているかは未知数の部分が大きい。

四つめの要因は、実習生が様々な意味で孤立していることだ。まず、実習生の中には日本語がそこまでできない状態で来日する者も少なくない。また、基本的な労働法や労働基準監督署、労働組合の存在など、日本で労働者としての権利を行使するために必要な制度や組織についての知識も持っていない場合が多いだろう。

さらに悪いことに、実習生の孤立状況をより深化させるために、実習先が実習生のパスポートを強制的に預かったり、来日前に「実習先に文句を言わない」などの誓約書にサインをさせていたりするケースまである。実習生には悪質な企業を去る自由がないだけでなく、実習先に残ったまま異議を申し立てる力までもが奪われている場合もあるのだ。

技能実習制度をめぐってなぜこれほどまで法令違反が横行しているのか。そして、なぜ実習生の多くは労基署などを通じて異議を申し立てないのか。そこにはここまで見てきたいくつもの構造的な理由が関わっている。現在の制度では、ある実習生が日本で事前の期待通りの経験をできるかどうかは運次第、たまたま良い企業に当たるかどうか次第という状況になっている。送り出し機関や監理団体、実習先企業が悪質であったら万事休すだ。

日本で稼ぎたい、技術を学びたい、その思いが多額の借金、何重もの中間搾取、強制帰国の脅しや社会的な孤立状態への追い込みによって裏切られていく。それは、一つひとつのブラック企業の問題であるだけでなく、それ以上に技能実習制度という制度そのものの成り立ちから構造的に発生している問題だ。その現実を、今真摯に見つめ直す必要がある。

「失踪」する実習生

近年増加しているのが実習生の「失踪」である。実習先から逃げ出し、在留資格を喪失する実習生が増えているのである。

「失踪」ではなく「避難」という言葉の方がより適切ではないかとの指摘もなされている。これまで見てきたような劣悪な環境の実習先から止むを得ず逃げているのだとすれば確かに「避難」というべきかもしれない。

「帰国か働き続けるか」という二択の外部に見出される第三の選択肢としての「失踪」。2012年に2005人だった失踪者数は、5年後の2017年には7089人にまで急増した。2018年は前半だけで4279人を数え、2017年よりもさらに多くなる可

図表4-4　技能実習生の失踪者数の推移（国籍別）

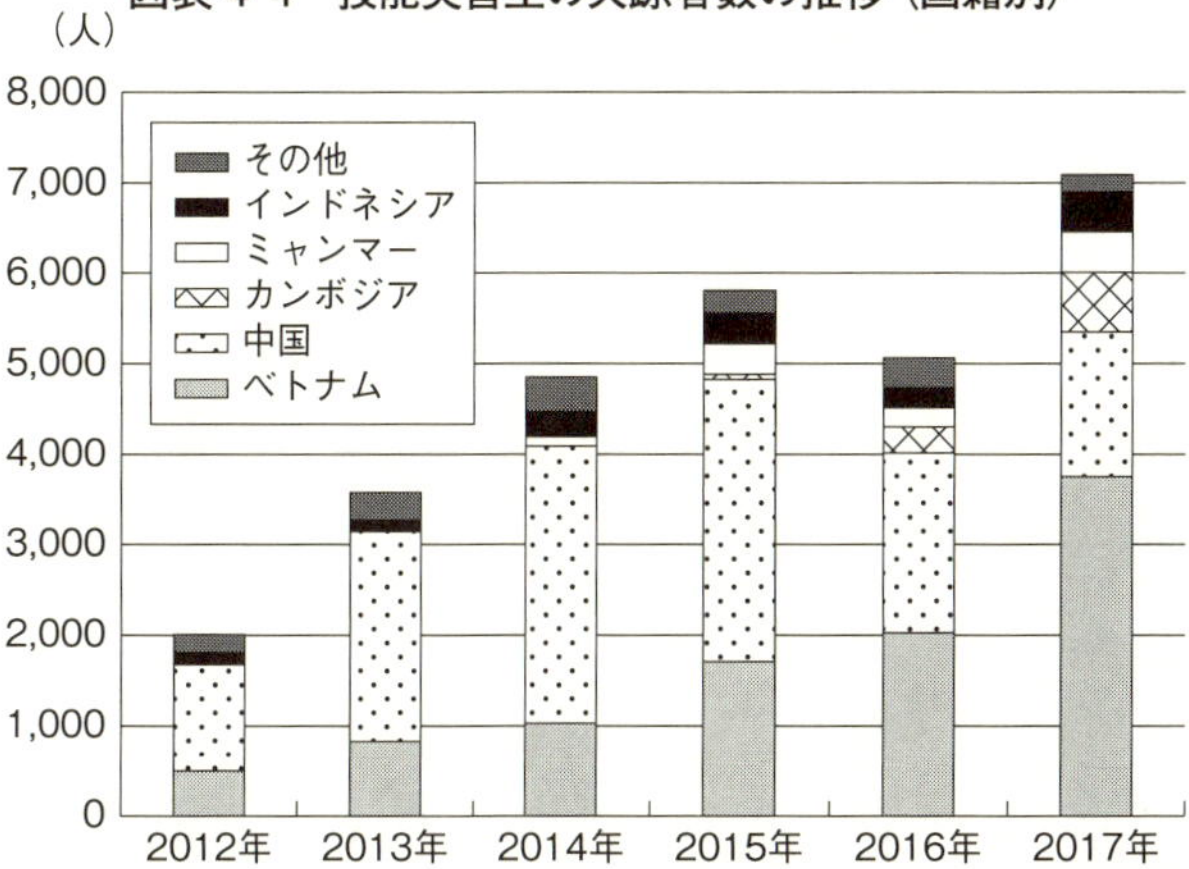

出典：法務省

能性が濃厚だ。

失踪者が実習生全体に占める割合も増加している。失踪者の数を実習生全体の数で割ると、2012年には1・3％だった数値が、2017年には2・6％にまで伸びているのだ。

なぜ実習生は実習先から逃げることを決断するのか。法務省が2017年に実施した、失踪した実習生2870人に対する聞き取り調査がある。この調査結果をめぐっては、2018年の臨時国会で政府側が誤った情報を出し、のちに訂正を行ったという経緯がある。したがって、100％信頼できるとは言い切れないデータではあるのだが、実習生本人への聞き取り調査として貴重な情報であることも間違いないので紹介する。

この調査によると、失踪動機の一番は「低賃金」で67・2％。ただし、実際のところこれは別々の三つの項目への回答の合計だとされている。その三つとは、「低賃金」、「低賃金（契約賃金以下）」、「低賃金（最低賃金以下）」で、67・2％の内訳は開示されていない。2番目に多いのが「実習終了後も稼働したい」で17・8％。そのあとに「指導が厳しい」、「暴力を受けた」、「帰国を強制された」と続く。

私が実際に話を聞いたことがあるのは、この中で言うと「帰国を強制された」ケースに該当するベトナム人女性であった。北海道の水産品加工工場で働いていたこの女性は、工場で働くほかのベトナム人実習生と些細なことで口論になり、それをきっかけとして監理団体と工場側から突然の帰国を宣告されてしまう。しかし、渡航前に作った借金がまだ残っており、日本で働き続けなければならないと考えて職場から逃げることを決めたということだった。

また、自分自身は引き続き建設系の実習先で働いているものの、知人が別の実習先から失踪したというベトナム人男性からも話を聞いたことがある。このケースの場合は、来日前に聞いていた賃金より低い額しか支払われず、借金も抱えていたため逃げ出さざるを得

図表 4-5　技能実習生の職種別失踪者数（2017 年）

職種	失踪者数	割合
耕種農業	1038	14.6%
とび	894	12.6%
婦人子供服製造	578	8.2%
型枠施工	408	5.8%
鉄筋施工	328	4.6%
溶接	290	4.1%
非加熱性水産加工食品製造業	272	3.8%
建設機械施工	251	3.5%
塗装	209	2.9%
プラスチック成形	186	2.6%
その他	2635	37.2%
合計	7089	100.0%

出典：JITCO白書（2018年度版）

なかったという話だった。同じく法務省の分類によれば、少なくとも「低賃金（契約賃金以下）」に該当し、「低賃金（最低賃金以下）」であった可能性もある。

なお、失踪者を実習先の職種別にみると、農業系、建設系、繊維・衣服系が上位にあがってくる。ただし、それら以外にも様々な業種で比較的満遍なく発生していると言えよう。

技能実習制度の前史

技能実習制度は、これまで何度もその形を少しずつ変えてきた。だが、その本質は常に一貫している。技能実習制度自体の始まりは1993年だが、その前史にあたる研修制度の成り立ちも含めて簡単に振り返っておきたい。

在留資格という形で研修が位置付けられたのは1981年の入管法改正によってである。新設された「4－1－6－2」という名の在留資格で受け入れられた外国人は「技術研修生」と呼ばれ、毎年1万～2万人ほどの入国があったという(1)。ちなみに当時の「4－1－6」は留学の在留資格であり、その続き番号として設定された「4－1－6－2」も、留学と同様に労働ではなく学習が名目となっていたことが窺える。

1989年の入管法改正では、すべての在留資格が「4－1－6－2」などの数字での名称から漢字等を用いた名称に置き換えられつつ再編された。このとき創設されたのが「研修」の在留資格であり、その在留期間は1年間だった。

翌1990年8月、法務省の告示によって「団体監理型」のルートが新設される。これは、中小零細企業にも研修生の受け入れの道を開く画期的な規制緩和であった。協同組合などが現地の送り出し機関からの1次的な受け入れ窓口となり、その先の実際の受け入れ先企業へのつなぎ役を担う仕組みである。現在の技能実習制度のコアの構造がこのとき構築されたと言える。

また、同じタイミングで研修生の人数上限に関する規制のあり方が変更され、小規模の企業による研修生の活用を促進することになった。それまでは受け入れ可能な人数が常勤職員の20分の1以下までと制限されていたため零細企業での研修生の受け入れは難しかった。それが、たとえ常勤職員50人以下の企業でも3人までは研修生を受け入れられるという形に変わったのである。研修生を受け入れ可能な企業の裾野を一気に広げる規制緩和であった。

この団体監理型の研修制度の構築と並行して、研修生の受け入れ実施を支援し、同時に監視もする組織として1991年に設立されたのがJITCO（公益財団法人国際研修協力機構）である。JITCOは研修制度に関わる法務省、労働省、通産省、外務省などの関与のもとに設立された団体で、一方の外国政府や送り出し機関、そして他方の日本国内の監理団体や中小企業、これらの間をつなぐ役割を担った。

また、JITCOには研修に関するルールが遵守されているかをチェックする役割も期待された。しかし、JITCOという一つの機関がアクセルとブレーキを両方担う制度設計となっていたこともあり、研修生やその後登場する技能実習生が長期にわたって置かれた劣悪な状況を根本的な形で改善することはできなかった。JITCOは少なくともブレーキ役としては機能不全に陥っていた側面が大きい。

技能実習制度の創設

そしてついに１９９３年、法律ではなく、法務省の告示によって「技能実習制度」が創設された。技能実習制度の始まりは国会での審議を経たものではないのだ。これによって、１年間の研修期間を修了した者が追加でもう１年間「技能実習」という名目で働くことができるようになった。

重要なことに、この制度は「技能実習」という新たな在留資格の創設という形ではなく、「その他」に近い位置付けの在留資格「特定活動」を付与して受け入れるという形で始まった。そして、この不自然な状態は２００９年に在留資格「技能実習」が新設されるまでなんと15年以上も継続することになる。

技能実習制度のポイントは研修の修了を前提としていることだ。つまり、入国のタイミングで直接的に技能実習の枠組みに入ることはできず、研修の修了後にはじめて技能実習へと移行できるという仕組みになっている。

制度の開始当初は、研修と技能実習を合わせた在留期間は2年間であり、対象となったのは合計17の職種であった。その後１９９７年に研修1年と技能実習2年の合計3年間へと在留可能な期間が延長され、１９９９年には55職種へと職種の拡大も行われている。そして、このあとも技能実習の期間や職種は順次拡大されていくことになる。

研修制度の大きな特徴は、研修生の「労働者性」が認められず、労働基準法や最低賃金法など労働法の適用対象外とされたことだ。企業から研修生に支払われる金銭も「賃金」ではなく「研修手当」であるとされ、6万〜7万円程度に抑えられるのが通常だった。そして、こうした名目上の「非労働者性」を担保するために、研修時間の3分の1以上を「非実務研修」とする、つまり座学を実施するというルールになっていた。企業側にとっては都合が良いが、研修生側にとっては問題の大きい制度であることがわかるだろう。

技能実習に移行してからの2年目以降は労働法の対象となる。したがって、企業は実習生に対しては最低賃金以上を支払わなければいけない。だが、研修生を受け入れる企業の側からすると、1年目の費用が安く済む分、3年間の平均では最低賃金以下で雇うことが可能であるとも捉えられるわけである。

研修生の労働者性が裁判において初めて認められたのは、２００９年3月の「三和サービス事件」第一審判決でのことであった。

在留資格「技能実習」の創設

２００９年の入管法改正によって、「技能実習」という名の在留資格がようやく新設され、「特定活動」の付与による不自然な形での受け入れがようやく解消された。

「技能実習」の在留資格は1号と2号の二つが設けられた。以前は在留資格「研修」での受け入れだったものの多くが「技能実習1号」へと移行をし、同様に、2年目以降が在留資格「特定活動」での受け入れから新設の「技能実習2号」へと移行した。またこの法改正以降、非実務研修以外の時間は1年目から労働者性が認められることにもなった。

だが、この改正も制度の形を整えるに留まり、実習生をめぐる様々な人権侵害や労働法令違反に根本的に対処するものではなかった。先に挙げた来日前の借金や中間搾取の構造など、根本的な問題はそのまま残されていた。そして、こうした状況は政府自身によっても認識されており、２０１5年の第5次出入国管理基本計画では、技能実習制度の問題点が次のような形で認められている。

「制度本来の趣旨に沿った運用が徹底されているとは言い難い現状」

「技能実習制度が単純労働、低賃金労働として利用されることを防止し、かつ技能実習生の人権が侵害されることのないよう技能実習生の保護についても十分な配慮を行い、制度が本来の趣旨・目的に合致した形で運用されるよう見直しを行う必要がある」

技能実習法の成立

こうした状況に対処するため、2016年に技能実習法が成立した。その正式名称は「外国人の技能実習の適正な実施及び技能実習生の保護に関する法律」。そこに含まれる「適正な実施」や「保護」という言葉は、それ以前の23年間に技能実習制度が適正に実施されてこなかったこと、そして技能実習生に対する保護が不十分であったことを物語っている。

技能実習法は、制度の適正化という意味では、監理団体を許可制としたり、実習生に対する人権侵害行為への罰則を規定したりするなどの対策を行った。また、「外国人技能実習機構」という認可法人を設立し、受け入れ企業および監理団体へのチェック機能、そして実習生との相談・援助機能などを担わせることとした。

このように、技能実習法は、従来の技能実習制度の問題を認識してその適正化を図ることを趣旨としていた。しかし、それは制度自体の縮小に踏み込んだり、現実から乖離した「国際貢献」という建前を修正するという趣旨のものではなかった。むしろ、これまで通りの建前は維持しつつ、同タイミングで「技能実習3号」を新設し、法令違反が無いなど「優良」とみなされる企業や監理団体に関しては最長受け入れ期間の延長（3年間→5年間）や受け入れ可能な人数の倍増といった拡充策を導入することになったのである。

従来の国際貢献という建前の維持、現場で発生している人権侵害への対処、そして企業側からの実習期間の延長や人数枠の拡大要望への応答――これら三つの要素間でバランスを取りつつ、新たな装いのもとで目指されたのは、古い制度をより維持拡大していく方向性だったのだ。しかし、それで元あった問題は改善されたのだろうか。

技能実習法は２０１７年の11月に施行されたばかりであり、外国人技能実習機構などによるチェック機能がどれだけ効いているのかは未知数だ。確かなことは、技能実習法の施行以降も実習生の総数と失踪者数が共に増加を続けているということだ。むしろ、すでに見た通り、失踪者が実習生全体に占める割合は上昇傾向にある。抜本的な問題解決がなされているとは思えない。

現在もなお、渡航前の多額の借金や複数の民間事業者が介在するマッチングの構造は残っており、多くの実習生たちが直面してきた脆弱性は解消されていない。問題の本質を解消するには、技能実習制度を現在のそれとは大きく異なる別の制度によって代替するしかないのではないか。

建前（国際貢献）と現実（「いわゆる単純労働者」の受け入れ）との乖離を解消し、同時に外国人労働者を構造的に法令違反や人権侵害へと陥らせない受け入れの仕組みを作っていく必要がある。特に後者については、民間事業者によるマッチングをベースとし、外国人技能実習機構や労基署が事後的にチェックを入れるという現在の路線の延長線上で実現可能なのか疑問も大きい。人材の募集や斡旋自体に送り出し国と日本の政府がより直接的な形で関与するモデルについても検討すべきではないだろうか。

労働者としての留学生

この章の最後に、近年は実習生と並んで急増している留学生についてもその位置づけを整理しておきたい。政府は２００８年に「留学生30万人計画」を立てたが、その目標は予定の２０２０年よりかなり早い２０１７年に達成されている。

図表 4-6　留学生全体に占める労働者の割合推移

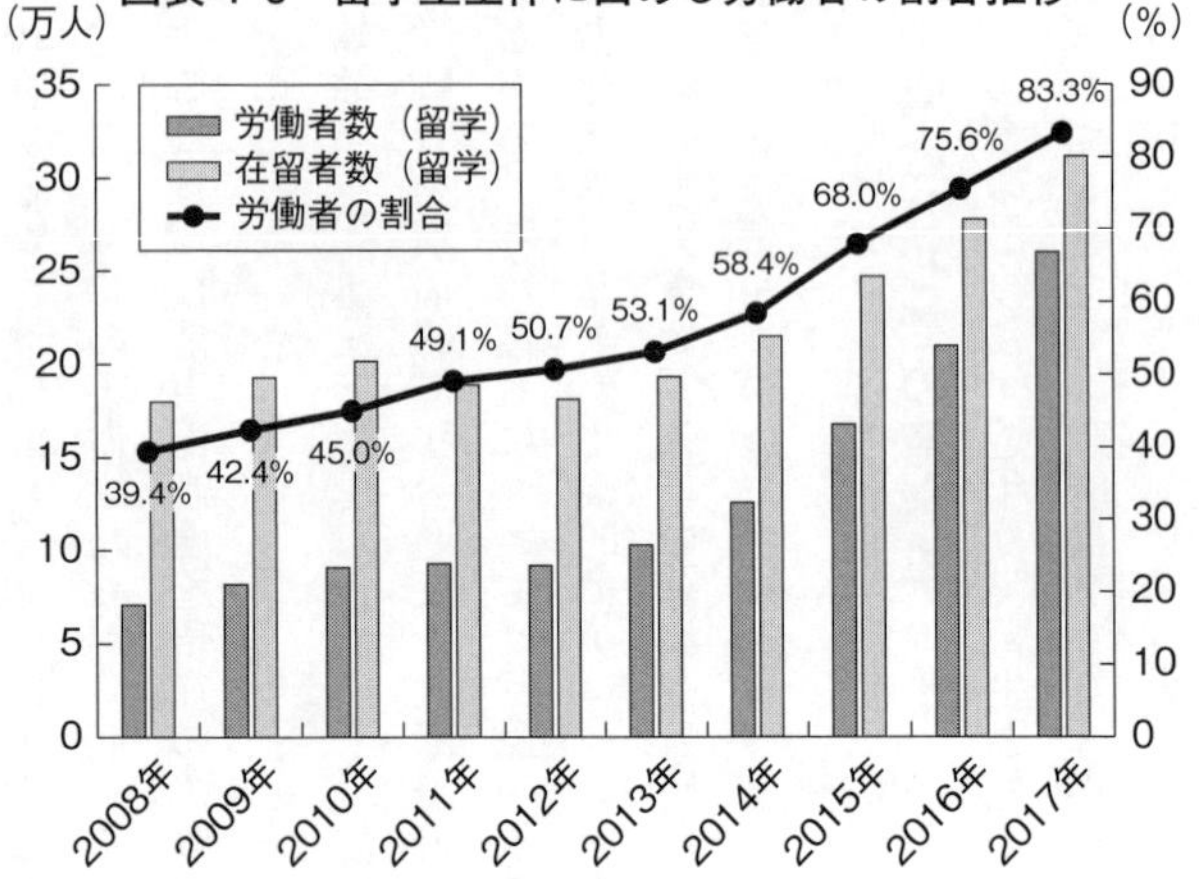

出典：在留外国人統計及び厚生労働省「外国人雇用状況」の届出状況（2017年10月末）より算出

留学生によるアルバイトの特徴は、原則的に職種の制限が無い（風俗関係は不可）ことと、労働時間の制限があることの二つである。労働時間には現在「週28時間」までという制限があるが、それは就労があくまで「資格外活動」として位置付けられているからだ。

逆に、留学生の就労には職種の制限がなく、職種の制限がある実習生との対比で大きなメリットとなっている。特に業種の制限によって実習生を雇用できない小売業（コンビニなど）や飲食業（居酒屋など）などのサービス業を中心に留学生の雇用が進んでいる所以だ。実習生との間で産業や地域の棲み分けが起きていること

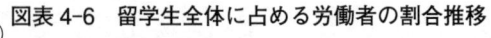

図表4-7　留学生全体に占める日本語学校の学生の割合推移

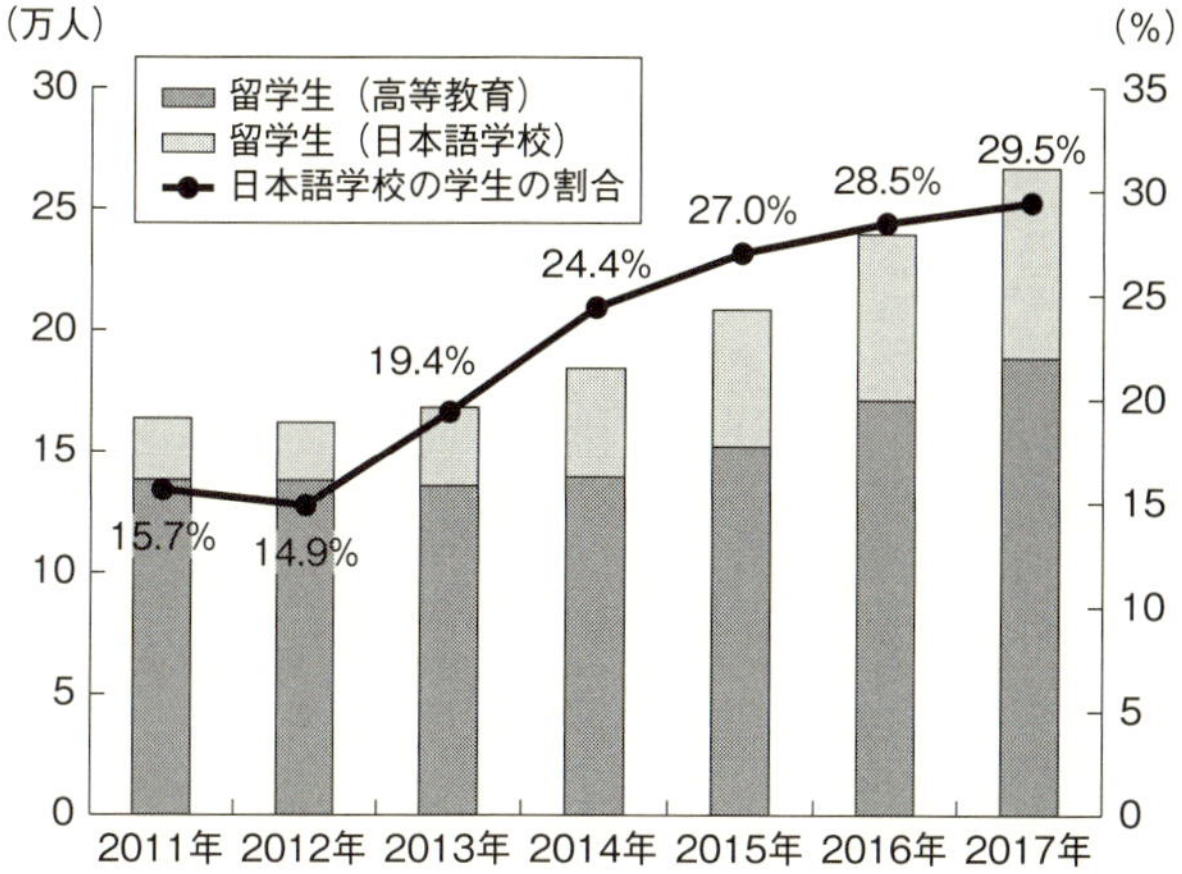

出典：日本学生支援機構

とは、すでに第2章で見た通りである。

ただし、こうした棲み分けは完全なものではなく、日本語がまだそれほど上達していない留学生が接客業などで働くことは難しい。そこで、来日当初の留学生の中には、所属する日本語学校やブローカーなどによる斡旋を通じて、弁当工場や食品加工工場、運送業など、日本語をあまり必要としない仕事に従事する者も少なくない。深夜から早朝にかけて新聞配達のアルバイトを行う留学生もいる。

こうした留学生の「使い勝手の良さ」が着目され、留学生を「学生」としてよりも「事実上の労働者」として受け入れる傾向が近年顕著になってきている。もちろん、一人ひとりの外国人を見れば、その「学生性」と「労働者性」の間のグラデーションには濃淡がある。だが、アルバイトをしていない留学生の割合がどんどん減少しているのも事実だ。

日本に在留する「留学」の在留資格を持つ外国人全体に労働者が占める割合を見ると、2008年には39・4%だったそれが、2017年には83・3%へと急増している。今ではアルバイトをしていない留学生の方が少数派なのだ。

留学生には日本語学校の学生だけでなく、専門学校や大学、大学院の学生も含まれる。最近の傾向は、日本語学校在籍の留学生の割合が増加していることだ。留学生における労働者の割合が年々高まっていることと表裏の関係にあると言えるだろう。

実習生と留学生の類似性

留学生が来日する際の構造は、技能実習における受け入れの構造とよく似ている。そのため、労働者としての留学生が陥る問題も実習生のそれと類似している。

技能実習制度では、送り出し国側の送り出し機関から、日本側の監理団体を経由して、最終的な実習先企業へと実習生が派遣されていた。これと同様に、送り出し国側の日本語学校から、日本側の学校を経て、最終的にアルバイト先の企業へと留学生が斡旋されているというパターンがよくあるのだ。

実習生を構造的な苦境に追い込んでいる「借金」の問題も共通している。むしろ、留学生は渡航やマッチングにかかる費用だけでなく、日本で通う学校の学費まで払わなければならないため、なおのこと経済的な負担が大きくなる場合もある。したがって、留学生は週28時間までという制約の中で、日々の生活を成り立たせつつ、借金を返し、学費を払わなければいけない。貯金や故郷への送金はそのあとはじめて可能になる。

簡単に計算してみよう。東京都の最低賃金が985円（執筆時点）なので、仮に時給を1000円とする。1ヵ月を4・5週間として、毎週28時間フルに働いたとしても、月の稼ぎは12万6000円だ。繰り返しになるが、ここから家賃を含む生活費、学費、借金返済のすべてをまかなっていかなければならないということになる。

こうした厳しい条件を背景として、残念ながら、上限の週28時間を超えてアルバイトに従事する留学生もいる。もちろん見つかれば入管法違反となるが、実習生と同様に、「日本に留学してアルバイトをすれば稼げる」というストーリーに騙されているケースも少なくない。留学生を便利で安価なアルバイト予備軍として捉える社会の中に、留学生たちが自ずから不法な就労へと追い込まれやすい構造が組み込まれているのだ。

実習生や留学生が陥る構造的な問題は、これまで真正面から外国人労働者を受け入れてこなかった日本のサイドドア政策自体から帰結した矛盾の現れだと言える。忘れてはならないのは、その矛盾から生じるリスクを一手に引き受けてきたのが、彼らを受け入れる日本社会の側ではなく、外国人労働者たちの側であるということだ。実習先から「失踪」した実習生や、上限を超えて働いてしまった留学生の報道などに触れるとき、このことを覚えていてほしいと思う。

サイドドア政策は決して単純な「ウィンウィン」ではない。日本と発展途上国との間にある経済格差をテコにした非対称な権力関係の存在を直視し、そのうえでなお公正で透明な制度をつくることへの責任が、外国人労働者を受け入れる社会の側にはあるのだ。

（1）明石純一『入国管理政策――「1990年体制」の成立と展開』ナカニシヤ出版、2010年、93頁

第5章　非正規滞在者と「外国人の権利」

選別的な受け入れと排除

ここまで「サイドドア」からの外国人労働者受け入れ拡大の構造を紐解いてきた。本章で焦点を当てたいのは、こうした「開く」動きの背後で進んだ「閉じる」動きについてである。

「閉じる」というのは、外国人の流入を減らすことだけを意味するわけではない。都合の良い外国人と悪い外国人を選別し、前者に限って受け入れを拡大しつつ、後者を国内から排除していく動きのことを指していると理解してほしい。従って、「開く」と「閉じる」は「選別的な受け入れと排除」という同じコインの裏表である。

こうした外国人の選別を実行に移すのが、出入国時の管理の強化、そして入国と出国の間の在留管理の強化である。そして、こうした「管理」強化を端的に示すのが在留資格を持たない「非正規滞在者」の劇的な減少だ。1980年代から低賃金労働者としての存在感を高め、ピーク時の1993年には30万人弱にのぼった「オーバーステイ」の外国人だが、近年では6万人台にまで減少している。

超過滞在者を含む非正規滞在者は、ある時期までサイドドアならぬ「バックドア」から導入された外国人労働者として、その存在を一定程度黙認されてきた。しかし、特に20

00年代以降は彼らに対する摘発が強化され、多くが退去強制の対象となった。在留外国人の増加とその管理の強化、望ましくない外国人の排除は同時並行的に進んできたのだ。

しかし、今もなお在留資格を持たずに日本社会で暮らしている外国人は存在する。本章の後半では、入管施設に「収容」されている外国人の状況を通じて、外国人を管理しようとすることの限界、そして在留資格がないからこそより鮮明な形で浮かび上がる「外国人の権利」というテーマについても考えていきたい。

非正規滞在者数の増減

ある外国人が非正規滞在者となるには大きく分けて二つのパターンがある。

一つめは日本に入るときから在留資格がない場合である（不法入国・不法上陸）。二つめは来日時には在留資格があるものの、期限切れなどでその在留資格が無効になった後も在留を続けている場合（超過滞在、オーバーステイ）だ。入管法違反事件についての法務省の資料によると、超過滞在（不法残留）の割合が毎年全体の8割前後を占めている。

なお、非正規滞在者全体についての統計はないが、全体の8割を占める超過滞在者についての統計であれば1990年から存在する。第2章でも紹介したが再掲しよう。

図表 5-1　超過滞在者数の推移

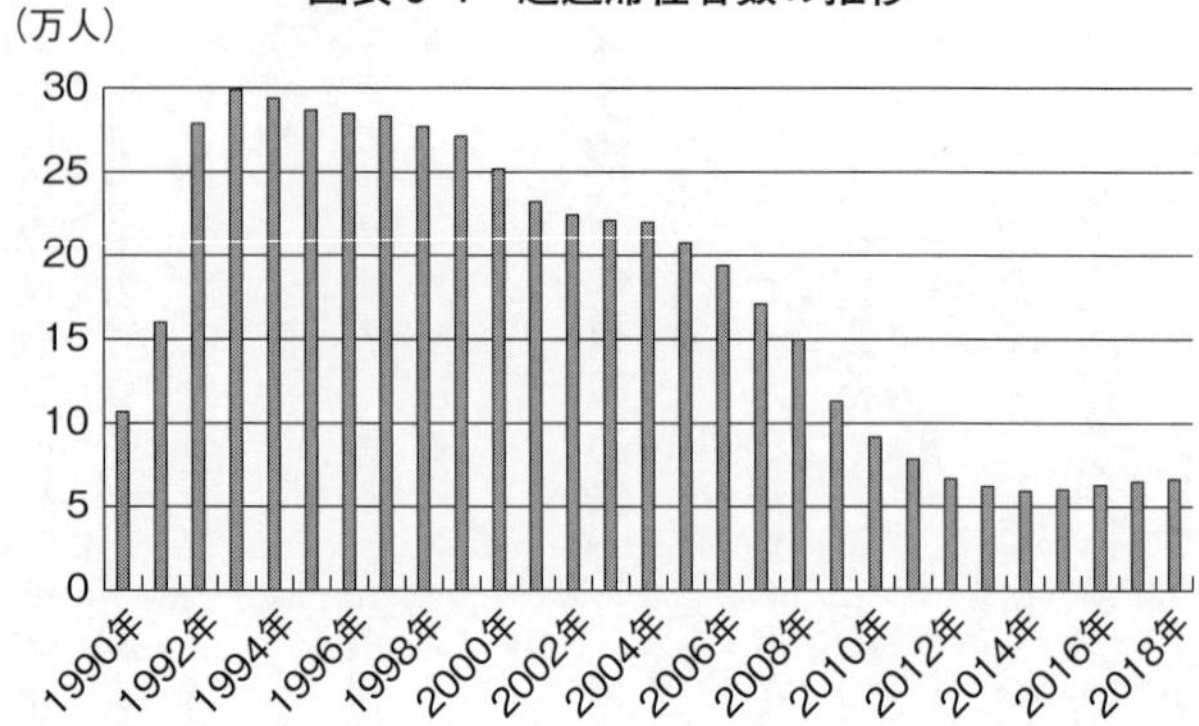

出典：法務省

超過滞在者の数は１９９０年代の前半にかけて急増し、その後減少していく。１９９３年をピークに１９９０年代を通じて25万人以上をキープしつつ徐々に減少。２００５年頃には20万人程度の水準へと減少し、その後の５年間で一気に10万人を割り込んだ。近年は６万人台で推移しておりピーク時の４分の１にも満たない水準だ。ただし、ここ数年は微増傾向にある。

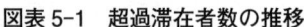

非正規滞在者のこうした増減には歴史的ないきさつがある。

１９８５年のプラザ合意以降、日本円の価値が一気に高まった。加えて景気が過熱して産業側も安価な労働者に対する需要を高めた。その結果として、１９８０年代から観光など短期の在留資格で来日した外国人が低賃金の労働者として中小企業や日雇い労働の現場に参入した。

日雇い労働者の街である大阪のあいりん地区（釜ヶ崎）の当時の状況について、社会学者の白波瀬達也はこう記している。

バブル期にあいりん地区に参入するようになった外国人労働者の大半は韓国人と中国人だが、フィリピン人やイラン人、パキスタン人なども一定数存在した。（中略）当時のあいりん地区は空前の好景気に沸いていたが、その裏では日雇労働者の高齢化が顕在化しつつあり、労働力不足の状態にあった。そのため、不法就労であることを知りながらも、外国人労働者を活用する求人業者が数多く存在したのだ(1)。

好景気、日本人労働者の高齢化、不安定な労働者への需要の高まり――こうした状況は現在の日本にも重なるものだ。当時は就労資格のない外国人による「不法就労」についての世間の目も現在ほどには厳しくなく、日本側の労働需要の高まりと外国人側の出稼ぎ意欲とがマッチして、１９９０年代前半に一気に非正規滞在者が増加したのだと考えられる。

しかし、繰り返しになるが、1993年をピークとしてその数は減っていった。なぜ非正規滞在者の数はそのまま増え続けず、減少基調になったのだろうか。第2章でも触れた通り、その理由は南米日系人や研修・技能実習生など、在留資格を持つ外国人労働者たちによって非正規滞在者が代替されていったからだ。つまり、バックドアのサイドドアによる置き換えが起こったのである。

非正規滞在者の排除

日系人や実習生が増えて、非正規滞在者は減っていった。それは、後者が単に市場で選ばれなくなったということではなく、政府による積極的な排除の結果であった。

非正規滞在者の排除は大きく分けて二つの方法で行われる。一つはすでに日本国内にいる非正規滞在者を摘発して排除する方法、もう一つは、これから日本に入ってくる潜在的な非正規滞在者をブロックして排除する方法だ。

平成の始まりを画した1989年の入管法改正では、日系人の受け入れ拡大や「研修」の在留資格創設によるサイドドアの開放と並んで、バックドアを閉鎖するための「不法就労助長罪」が新設された。不法就労助長罪は、不法に就労した外国人本人だけではなく、雇用主や、雇用を斡旋したブローカーも対象とするものだった。

これから来る非正規滞在者の排除としては、1980年代の終わりから1990年代の前半にかけて実施された、パキスタン、バングラデシュ、イラン出身者に対する査証免除の停止がわかりやすい。つまり、ビザなしでの入国をストップすることで入国自体を難しくしたわけだ。

同様に、1997年の入管法改正では、「集団密航に係る罪」が新設され、外国からの集団密航者を手助けした者に対する罰則が設けられた。これも、新しく入ってくる非正規滞在者を入国以前に排除するための施策だ。これら以外にも1990年代には様々な施策が矢継ぎ早に打ち出された。

2000年代に入ると、国内の非正規滞在者を摘発し、出身国へと送還するための施策がさらに活発化する。折しも当時は2001年の9・11テロをきっかけとして世界的にセキュリティへの意識が高まった時代であり、同時に日本では2002年にサッカーの日韓W杯をきっかけとして多数の外国人が来日するタイミングでもあった。

1999年に東京都知事に就任した石原慎太郎のもとで、東京都は「不法滞在外国人対策」を掲げ非正規滞在者の摘発を強化していく。2003年10月には「首都東京における不法滞在外国人対策の強化に関する共同宣言」を法務省、警視庁、東京都、東京入国管理局が共同で発表。この動きは、同年12月に政府の「犯罪対策閣僚会議」が打ち出した5ヵ年の「不法滞在者半減政策」とも連動している。日本政府と東京都が一体となって、非正規滞在者の排除に乗り出していったというわけだ。

こうした動きの結果として、2000年にはまだ25万人を超えていた超過滞在者の数がその後半減どころか2010年には10万人を割り込んで9・2万人へと減少する。2000年代には治安対策、在留管理の強化に関連する施策がほかにも数多く打ち出されているので、その中からいくつかフォローしておこう。

治安政策と管理体制の強化

2006年、法務省の告示が改正され、日系人とその家族が「定住者」の在留資格を取得する際の要件の一つとしていわゆる「素行善良要件」が追加された。具体的には、ブラジルなど出身国が発行した犯罪履歴に関する証明書の提出が求められることになった。

当時、在日のブラジル人だけでも30万人を超え、ペルー人なども合わせると南米日系人とその家族だけで40万人に迫る規模にまで増加していた。その規模は現在3番目の規模を誇るベトナム人よりもはるかに大きいものだ（在日ベトナム人は２０１７年末で26・2万人）。

人数が一気に増大し、滞日期間も長期化する中で、政府による在留管理強化のターゲットとして日系人が浮上した。なお、在留資格「定住者」を取得可能な外国人の中で、素行善良要件が課されているのは日系人だけである。

当初は「血の論理」で受け入れ拡大が決められたはずの日系人という集団に対して、それとは異なる「治安の論理」による選別が図られる。こうした様々な論理の場当たり的な利用は、政府の入管行政が都度その時点で自らにとって有用だと考える外国人の集団のみを選別的に受け入れ、そうではない集団を排除したいという「有用性の論理」によって支配されてきたことを感じさせるものだ。

続く２００７年には外国人に対する来日時の指紋採取と顔写真の撮影が義務化された（「特別永住者」など一部を除く）。また、雇い主による外国人の雇用状況の届出も義務化され、政府による外国人労働者のより包括的な把握が目指されることになった。

こうした動きとも連動しながら、２００９年の大規模な入管法改正によって、不法就労助長罪の過失犯化も行われた。これによって不法就労者の雇い主を取り締まるために、故意ではなく過失の立証のみで足りることになった。非正規滞在者が日本で働くことはより一層困難になったのである。

２００９年の法改正では、在留カードを用いた新しい在留管理制度も創設された。これによって、２０１２年に旧来の外国人登録制度が廃止され、新しい制度へと移行することが決められたのである。この変更の大きな目的は、日本にいる外国人の管理を、出入国管理という「点の管理」から、在留管理という「線の管理」へと移行することにあった。

これ以降、日本に在留する外国人は住民基本台帳によって管理されるようになり、居住地の変更についての情報が自治体と法務省との間で共有されるようになった。また、結婚など家族に関する情報や、仕事に関する情報も、その変更ごとに入管に届け出なければいけなくなった（刑事罰あり）。法務省による外国人の管理と監視はこの制度変更によって大幅に深化したと言える。

逆に、新しい制度においては、非正規滞在者はその対象から排除されることになった。以前の外国人登録制度では非正規滞在者であっても登録ができたが、いまや非正規滞在者は在留カードを持つことすら許されない。国民健康保険の対象も住民基本台帳をベースとしているので、非正規滞在者は医療へのアクセスからも排除されることになった。

図表 5-2　送還、出国命令、在留特別許可の推移

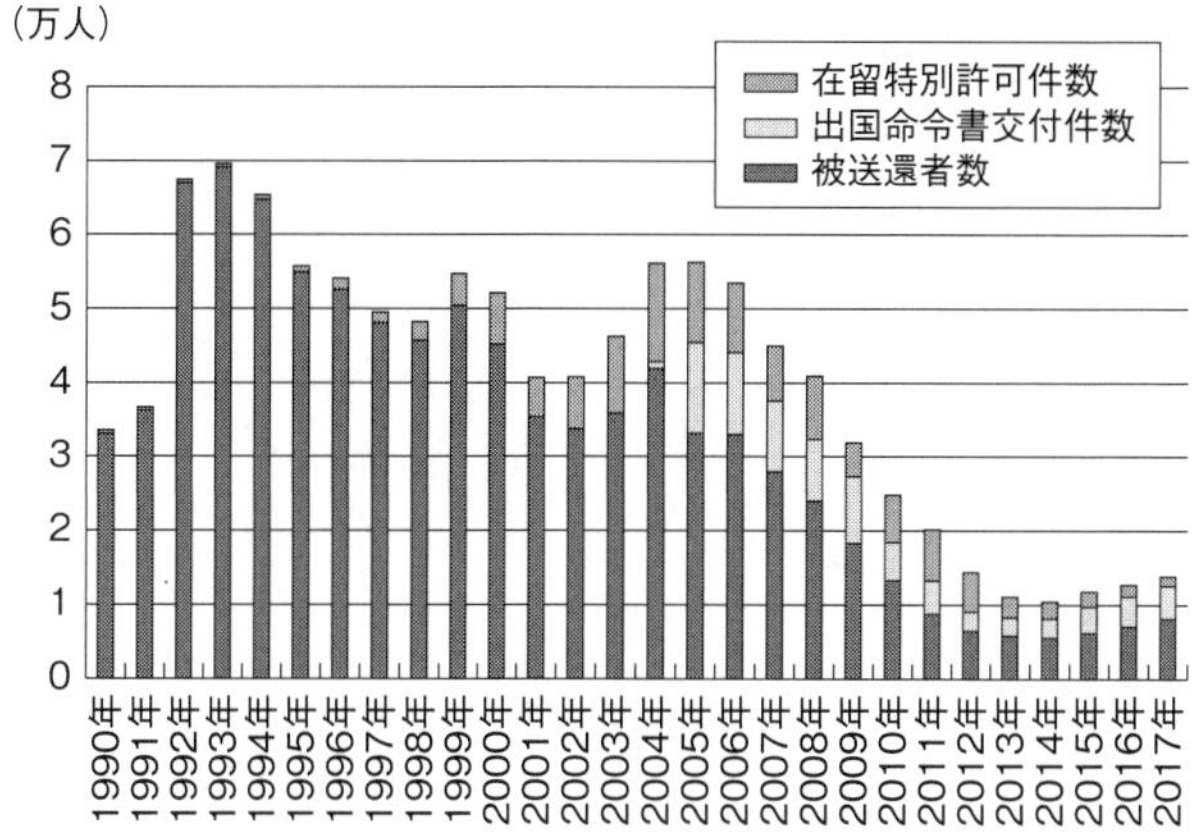

出典：出入国管理統計

在留特別許可での正規化

こうして、１９９３年には30万人近くにまで増加した超過滞在者の数は、近年では６万人台へと減少している。しかし、この減少はそのすべてが非正規滞在者の追放、つまり自国への送還のみによる結果であるわけではない。

実は、非正規滞在の状態から、日本に滞在する正規の在留資格を得て日本に残った人々も少なからずいる。こうした「正規化（合法化）」の手続きを日本では「在留特別許可」という。

現在の日本において非正規滞在者の「数が減る」ときのパターンは大きく分けて三つある。強制送還、出国命令、在留特別許

可、この三つだ。

「出国命令」は2004年に創設された仕組みで、超過滞在者が自ら出頭し、一定の条件（懲役刑などの判決を受けていない、これまで強制送還や出国命令によって出国したことがない、など）を満たした場合に限り、退去強制による送還とは違って、収容を経ずに出国ができるというものだ。また出国命令による出国の場合は、1年後には日本に再度入国することができる（送還の場合は5年または10年）。

さて、強制送還、出国命令、在留特別許可、これら三つの件数の推移を見てみよう。

一貫して最も多いのが強制送還だ。特に1990年代の前半はほとんど強制送還しかない。しかし、1990年代の後半から徐々に在留特別許可が増え始め、2000年代にはかなりの数にのぼっている。

より具体的に見ると、1995年までは3桁しかなかった在留特別許可の件数が2003～2005年には毎年1万人を超える規模にまで増加している。そして、その3年間をピークにその後は減少を続け、最近は1000件台にまで減少している。傾向的に数が減っているのは強制送還も同じであり、両者ともに非正規滞在者の総量自体が減っていることの反映だと考えられる。

では、なぜ1990年代の後半に入って非正規滞在者を正規化する在留特別許可が増えたのか。このことを理解する前提として、在留特別許可が一体何なのか、もう少し詳しく説明しておく必要がある。

在留特別許可とは、在留資格を持たない非正規滞在者に何らかの在留資格を与えて「正規化」する措置であり、その判断は法務大臣の「裁量」に委ねられている。つまり、正規化を求める側からすると、「どんな条件を満たせば正規化されるのか」が事前に予見しづらい仕組みになっている。

法務省はこうした予見可能性のなさに対する一定の配慮として、2004年から在留特別許可の「許可事例」の公表を開始した。また、2006年には「不許可事例」の公表も開始し、同年「在留特別許可に係るガイドライン」も公表した。ガイドラインには判断の際の「積極要素」と「消極要素」が記されている。ただし、これらはあくまで「事例」および「ガイドライン」であるため、法務大臣が保有する自由裁量自体は変わらず留保されている。

法務省のホームページで公開されている「在留特別許可された事例及び在留特別許可されなかった事例について」の冒頭には次のような説明書きがある。

入管法第50条に規定する在留特別許可は、法務大臣の裁量的な処分であり、その許否判断に当たっては、個々の事案ごとに、在留を希望する理由、家族状況、生活状況、素行、内外の諸情勢その他諸般の事情に加え、その外国人に対する人道的な配慮の必要性と他の不法滞在者に及ぼす影響とを含めて、総合的に判断しています。

つまり、在留特別許可の判断の際に考慮しうる要素（家族状況や素行など）は事前にある程度明らかにされているが、それが法務大臣の裁量を強く拘束するわけではない。日本での合法的な滞在資格を付与するかどうかは、あくまで政府の裁量で判断されるのだ。

非正規滞在者たちからの要求

とはいえ、法務省が２０００年代に入って在留特別許可の許可不許可事例とガイドラインを相次いで公表し、在留特別許可の件数自体も増加させるにいたった背景には何があったのか。

１９９０年代から、非正規滞在者やその支援者たちによる政府に対する様々な要求、働きかけがあったことを紹介したい。『在留特別許可と日本の移民政策』という2007年の著作がある。「A.P.F.S.（Asian People's Friendship Society）」という外国人の支援団体の設立20周年に作られた本で、正規化を求める非正規滞在者たちの運動についても詳しい。

この本によると、1990年代の中ごろから非正規滞在者による正規化要求は高まり始めたのだという。当初の要求は日本人の夫や妻、子どもをもつ外国人によるものだった。しかし、1999年9月に入管へと在留特別許可を求める一斉出頭をした非正規滞在者21人（五つの家族と二人の単身者）は、日本人との家族的な関係を持たない外国人たちだった。

その後A.P.F.S.が支援する非正規滞在者たちによる数次に及ぶ一斉出頭の試みを経て、2000年代に入ってからは「日本人との家族的つながり」を持たない外国人にも在留特別許可が与えられるケースが出てきたという。

こうした流れの中で、法務省によって作られた2000年3月の「第2次出入国管理基本計画」は、「不法滞在者と我が国社会のつながりに配慮した取扱い」という項目を設け次のように記した。――「個別事案において、日本人、永住者又は特別永住者との身分関係を有するなど、我が国社会とのつながりが十分に密接と認められる不法滞在者に対しては、これまで行ってきたように人道的な観点を十分に考慮し、適切に対応していく」（傍線筆者)。

これは、非正規滞在者と日本との社会的な「つながり」に配慮しながら在留特別許可についての判断を行っていくということである。2000年代半ばの許可不許可事例及びガイドラインの公表も、この一連の流れの中にあると考えてよいだろう。

ただし、忘れてならないのは、2000年代中盤における在留特別許可の一時的な増加が、政府が非正規滞在者という存在自体を減らそうとする同時代的な流れの一部としてあったということだ。先にも触れた通り、政府の犯罪対策閣僚会議が5年で「不法滞在者」を半減させると宣言したのは2003年のことである。在留特別許可の数が1万3239人とピークに達したのは翌2004年、同じ年の被送還者数はその3倍以上の4万1926人にのぼる。

1980年代から1990年代にかけて、不安定な低賃金労働者として「3K労働」などの現場を支えた非正規滞在者たちの存在は、2000年代に入り強制送還と在留特別許可の組み合わせによって徐々にその数を減らしていったのである。

長期化する収容

図表 5-3　超過滞在者数の変化（在留資格別）

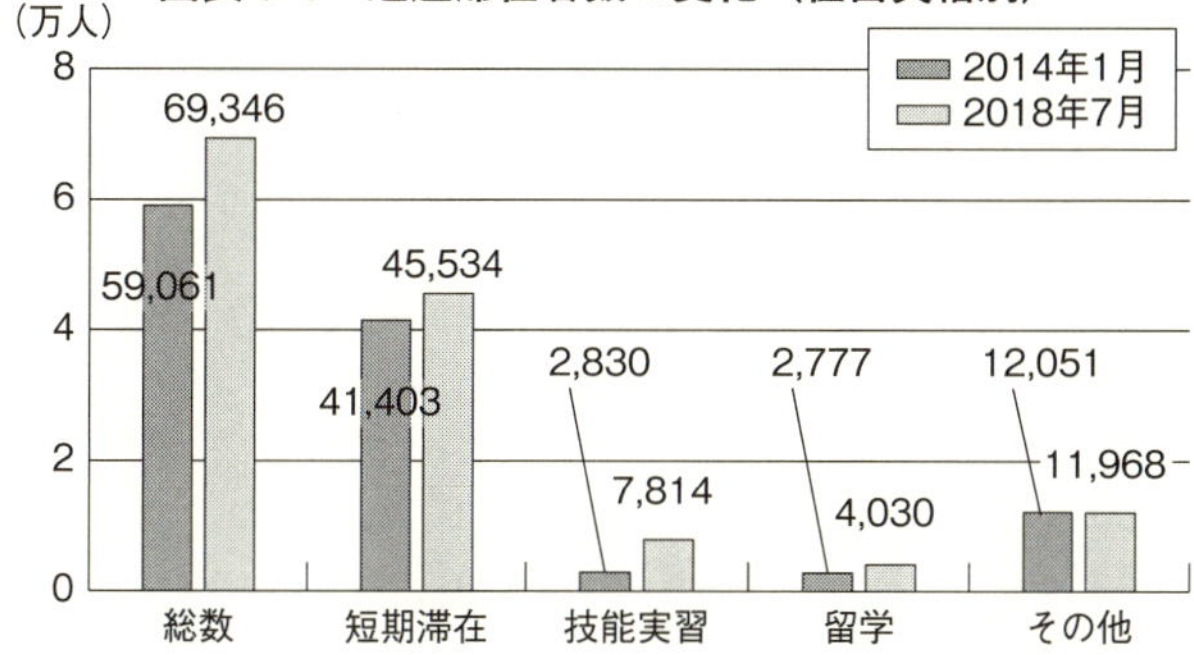

出典：法務省

　では非正規滞在者の問題はすでに過去のものになったのだろうか。

　超過滞在者の数は２０１４年に初めて５万人台にまで減少したのち、ここ数年は再度の増加傾向にある。最大の原因は、前章でも触れた技能実習生による「失踪」の増加だ。２０１４年１月から２０１８年７月にかけて超過滞在者は１万人以上も増加しているが、その増分のおよそ半数が技能実習生によるものなのである。

　在留特別許可の件数は引き続き低迷している。２０１６年には１９９７年以来初めてとなる１０００件台へと落ち込んでおり、送還件数が２０１４年に底を打って以降は増加基調にあることと強いコントラストを成している。非正規滞在者の正規化は厳しい状況が続いている。

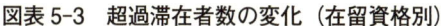

図表5-4　6ヵ月以上(長期)の被収容者が全体に占める割合の推移

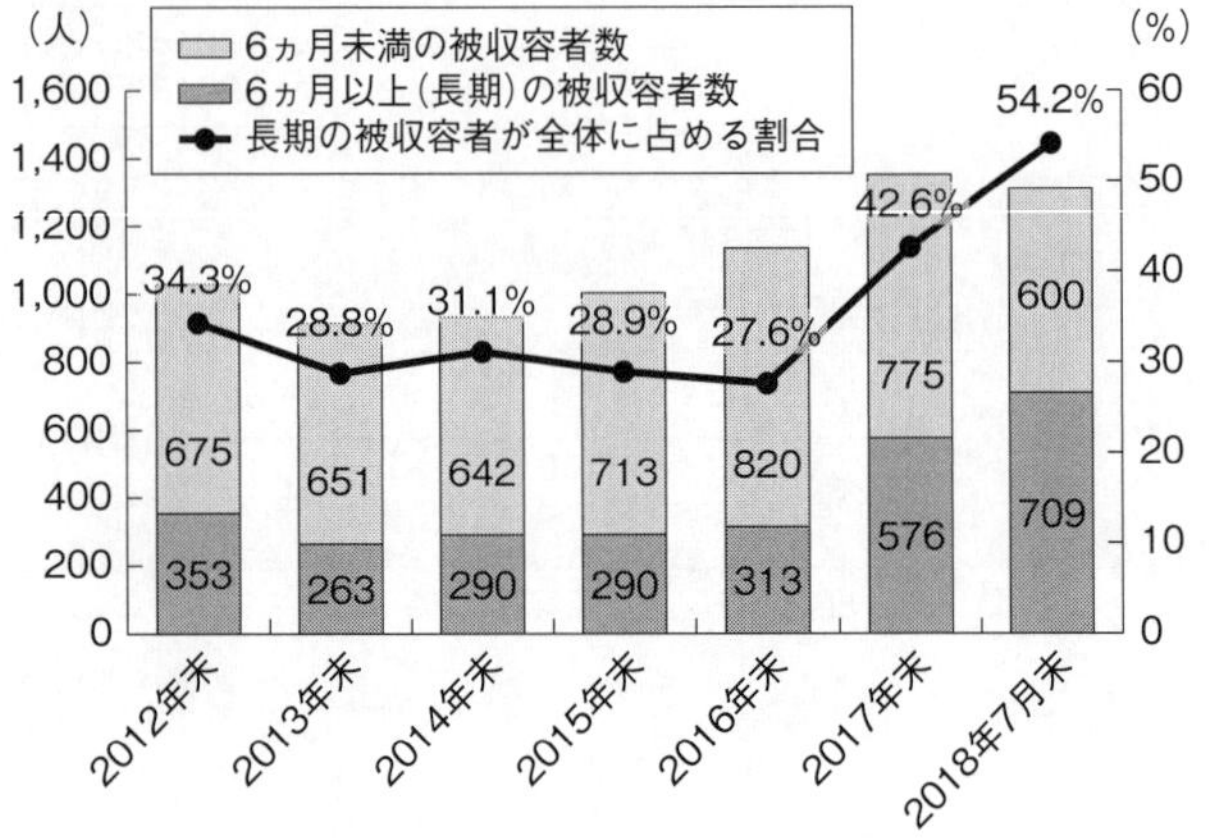

出典：法務省及び朝日新聞「不法滞在の外国人、収容が長期化 半年以上が700人超」(2018年9月23日)

近年深刻化しているのが、送還を命じられても様々な事情で帰国することができず、結果として入管の施設に長期間収容され続ける外国人の増加だ。度重なる自殺や自殺未遂、職員による暴行、医療への不十分なアクセス、シャワー室への監視カメラの設置など、被収容者に対する処遇の劣悪さが日々報道されている。

収容者の数自体も増加している。２０１５年以降は１０００人を超え、直近では１３００人台で推移。中でも６ヵ月以上という長期にわたって収容される外国人の増加が著しい。２０１６年末は３１３人だったそれが、わずか１年半後の２０１８年７月末には７０９人へと２倍以上に増加した。収容外国人全体に占める長期収容者の割合も、同期間に28％から54％へとほぼ倍増している。

収容されるのは、在留資格を持たないために摘発された非正規滞在者たちである。なぜ被収容者はときに自殺にまで追い込まれるのか。なぜ長期間収容される外国人が増えているのか。ここからは、この問題を専門にする指宿昭一弁護士に伺ったお話をもとに、問題の本質を整理していきたい。

最初に事実の確認から始めよう。収容が目に見えて増加したのはいつ頃からなのか。

長期の被収容者が全体に占める割合が目に見えて増えているのは２０１７年からだ。２０１２年から２０１６年頃までは長期の被収容者が全体に占める割合が30％前後を推移しているが、それが２０１７年に42・6％、２０１８年7月末には54・2％にまで上昇している。このデータに現れる変化は、指宿弁護士の現場感覚とも符合していた。

「3年前くらいまでは私の感覚だと原則7～8ヵ月で仮放免されるというのが一般的な形でした。ただ、色々な人がいますから、例えば犯罪をしてしまった人とか状況が悪い人については1年だったり、私の依頼者では最長で2年だったたんですよ。それが今は7～8ヵ月なんてありえない。1年もありえない。私の依頼者で最長2年半です。仲間の弁護士が大阪で国賠訴訟をやっている件だと、こないだやっと仮放免されましたが3年半ですよ」

やはり数年前から入管の収容に関する運用のルールが変わり、結果として収容が長期化しているということのようだ。

収容とは何か

ここで「収容」とはそもそも何なのか、その位置付けを簡単に確認しておきたい。

入管施設に収容されるのは、在留資格を持っていなかったり、持っている在留資格では認められていない活動（就労など）をしたりしたために、入管によって「退去強制」の対象と認定された（およびその認定の審査中の）外国人である。

つまり、収容の位置付けは、退去強制という行政措置の前段階、準備段階ということになる。したがって、「入管施設への収容」と「刑務所への収容」は、その見た目は似ていても意味がまったく違う。後者は罪に対する罰であるが、収容は罰ではないのだ。

では、退去強制を命じられた外国人たちは実際どうしているのか。驚かれるかもしれな

図表 5-5　退去強制令書発付件数と送還人員数

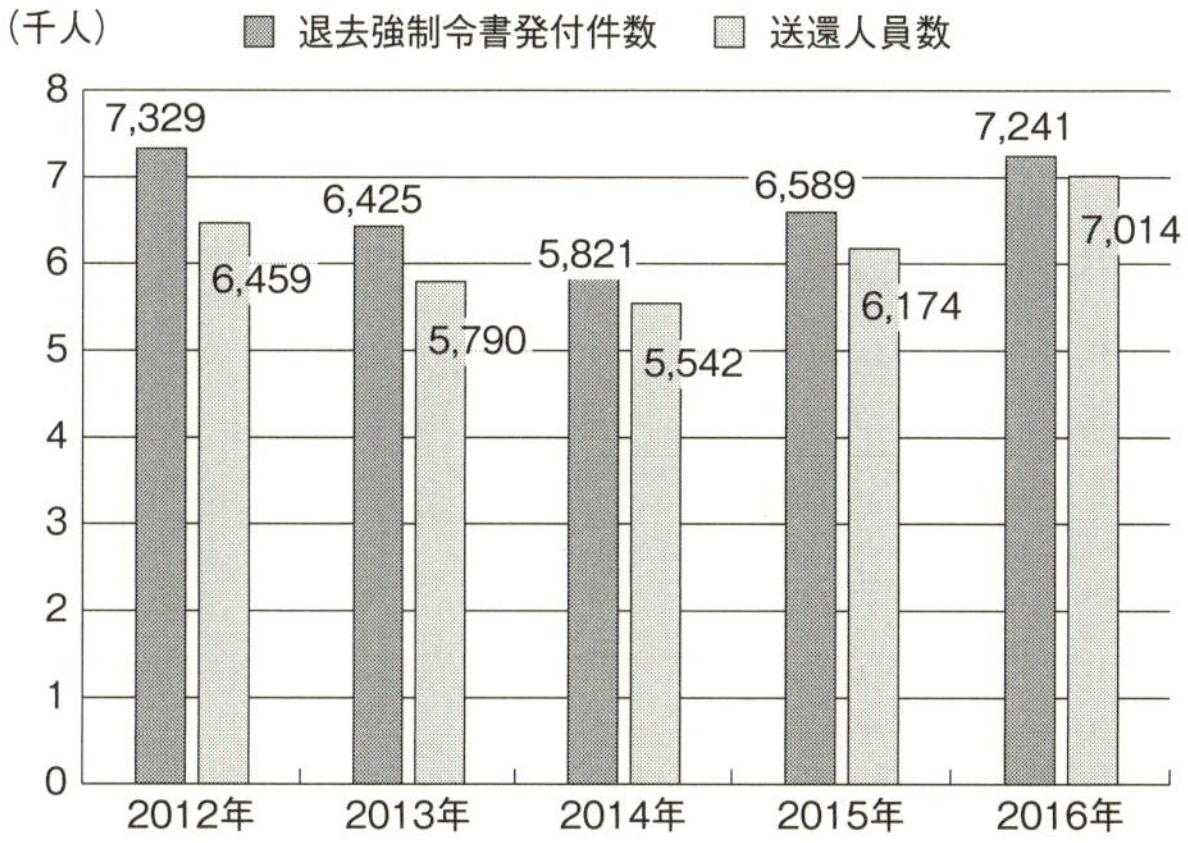

出典：法務省

いが、実はその多くは比較的すぐに出国をしている。しかも退去「強制」と言いながら自費での出国が9割以上だ。

退去強制を命じられた外国人の多くがすぐに出国していることは「退去強制令書の発付件数」と「送還人員数」とを照らし合わせるとよくわかる。ここ数年のデータを見ると、毎年6000〜8000人前後に及ぶ退去強制令書を出された外国人のうち90%以上が実際に送還されている(=出国している)のだ。

退去強制を命じられた外国人の多くは自らの国へと帰っている。そして、それは彼らの多くが「帰ろうと思えば帰れる」状態にあることを意味する(ただし、止むに止まれずギリギリの判断で帰る人々の存在にも留意されたい)。逆に言えば、長期化する収容の多くは、過酷な収容という仕打ちを受けてもなお「帰れない」人々の問題であるということだ。

指宿弁護士も次のように語る。

「退去強制令書が出たら多くの人は帰るんですよ。例えば〝旅行のビザで入ってきてちょっと働いてやろう〟という人は、捕まって収容されて強制退去ということになったら普通は帰ります。(逆に) 帰れない人っていうのはそれなりの理由があるんですよね」

入管から「帰れ」と言われて「帰れる人」と「帰れない人」がいる。では帰れない人々は一体なぜ帰れないのだろうか?

「帰るに帰れない」理由

指宿弁護士はこう続ける。

「日本人や永住者と結婚していたり、子どもが学校に通っていたりする人。20年、30年と日本に暮らしていて今さら帰る場所がない人。あるいは難民認定申請者で、難民認定は日本ではほとんどされないんだけど、帰ったら現実問題として命がどうなるかわからない人。あるいはそこまでいかなくても自分の国に帰っても生活ができない、ひどい目に遭うという人。色々な理由で帰れない人たちがたくさんいます」

つまりはこういうことだ。生まれた国や国籍のある国に帰れない、それは、「日本を離れられない」ということと「元いた国に戻れない」ということとの様々な組み合わせの中で生じる。

一方にはこういう人々がいる。正規の滞在資格がなかったとは言え日本で何十年も暮らしている。日本の会社でずっと働き、職場や地域を通じた人間関係がある。日本人や永住資格を持つ外国人と出会い、結婚している。日本で生まれた子どもは日本語を流暢に話し、学校や友達関係のベースも日本にある。逆に言えば親が生まれた国に連れ帰っても子どもはその国の言葉がわからない。

そして他方には、元いた国に戻ると自分や家族、子どもたちの命や生活が危険に晒されてしまう、だから帰れない、こういう人々もいる。国籍国が身柄の引き取りを拒否するために物理的に入国できないというケースもある。

もちろん、どちらか一方の要素だけでなく、「日本への定着性」と「自国帰還の困難性」の両方を併せ持っている人々もいるだろう。

「帰るか死ぬか」という感覚の意味

「収容」という地点で外国人の人権がないがしろにされるような事態が発生するのはまさにこの「帰るに帰れない人」を巡ってのことなのだ。

「収容というのは送還の準備期間であって、送還のために圧力をかける手段ではないはずなんです。それが悪用されているんです。収容されて、追い詰められて、病気になってくる人が多い、精神的にも肉体的にも。1年を越えると何らかの病気を持っている人がほとんどだと思います。そういう状況の中で追い詰めて帰国させようとしている。

本人たちにすれば、もう追い詰められると〝帰るか死ぬかしかない〟という気持ちになってしまうわけですよ。だから自殺者や自殺未遂者が相次いでいるのは偶然じゃなくて、自殺する直前なのか自殺するところまでなのかわからないけれど入管がわざと追い詰めているんですよね。もちろん自殺させることが目的ではないと思いますけど、ギリギリのところまで追い詰めて、自分でお金を払って帰ってもらうというのが目的なんでしょう」

退去強制を命じられても「帰るに帰れない人々」がいる。現在の入管行政が行っていることは「帰るに帰れない人々」にそれでもなお「帰れ」と言い、そして実際に帰る決心をするまでは無期限に閉じ込めるということだ。

あくまで出国の準備期間として作られた「収容」という制度が、被収容者をして最悪の場合には自死にまで追い込む装置になってしまう背景にはこういう構造が存在している。

ところで、先に退去者の9割以上が「自費」での出国であることに触れた。なぜ「強制」退去なのに自腹で出国させるのだろうか。自費での出国を原則とすることで、退去強制を命じられた外国人が「お金が無い」という理由で日本に残ることを、政府自ら許容する状況を生み出しているようにも思える。

もちろん渡航費に関する予算上の理由もあるだろう。だが、収容が長引けばむしろ収容を維持するコストが渡航にかかるコストをすぐに上回ってしまうのではないか。入管目線から見てこの手法をあえて選択することの合理性は一体どこにあるのだろう。

「強制送還をした場合、たまにですが国賠請求を起こされることがあります。また、国賠請求まではやらなくても人道的な理由で非難を免れないところがある。強制送還によって夫婦を引き裂いたり、親子を引き裂いたり、そういうことをするわけですから。そうした非難を受けるのが嫌だから〝自分で帰った〟という形を取りたいということなのではないでしょうか」

収容と退去強制のプロセス

収容と退去強制のプロセスについて改めて確認しておきたい。退去強制の手続きは概《おおむ》ね次のような形で進む。また、退去強制令書が発付される前と後とで大きく分けて2種類の収容が存在することにも注目してほしい。

①入管による摘発
②入管が発付する収容令書による入管施設への収容**【収容A：最大60日】**

東日本入国管理センターが入る庁舎（茨城県牛久市）

③入管による退去強制事由に該当するか否かの審査
④入管による退去強制令書の発付
⑤退去強制令書による入管施設への収容**【収容B：法定の上限無し】**
⑥出国

このプロセスを見ればわかる通り、入管自身が摘発して、入管自身が退去強制事由に該当するか否かを判断する。

裁判官など「行政機関以外の第三者」が退去強制や収容についての判断に関わるという手続きにはなっておらず、国家に摘発・収容される個人が第三者に異議を申し立てるチャンスは基本的に存在しない（※④で退去強制令書が発付された後にその取消の訴訟を起こすことは可能)。

さらに問題なのが、便宜的に「収容B」と記した退去強制決定後の収容に法定の上限期間が無いことだ。

この点が、先述した収容期間の長期化、つまり指宿弁護士が「数年前までは7〜8ヵ月が普通だったのが、今では1年もありえない」と話していたポイントと関わってくる。なぜなら、法定の上限期間が無いということは、入管が自らの裁量で収容の期間を決められるということだからだ。

なお、収容Bが期限の定めの無い収容であることは、以下の入管法上の条文が根拠となっている。「送還可能のときまで」ということのさりげない文言が入管に大きな自由裁量を与えているわけだ。

「入管法第52条の5：入国警備官は（中略）退去強制を受ける者を直ちに本邦外に送還することができないときは、**送還可能のときまで**、その者を入国者収容所、収容場その他法務大臣又はその委任を受けた、主任審査官が指定する場所に収容することができる」

図表5-6　仮放免人員数（退去強制令書による）の推移

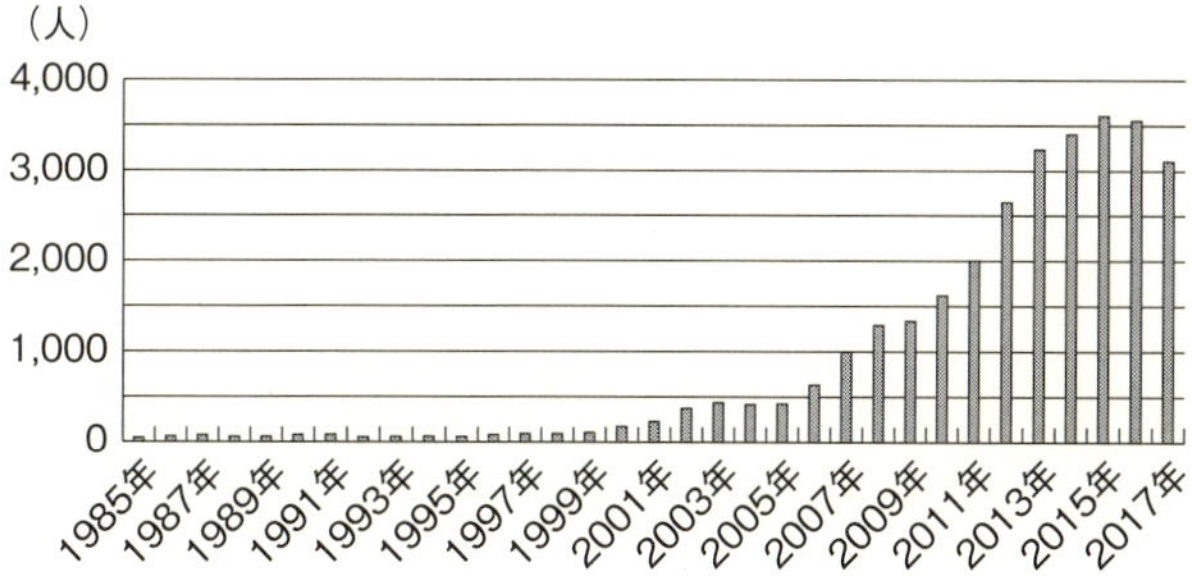

出典：出入国管理統計

指宿弁護士は言う。

「理屈の上では100年でも収容できるんですよ。だから、以前は入管なりの常識で7～8ヵ月で仮放免されていたものが、入管のフリーハンドで2年3年収容してみようと思えばいくらでも収容できちゃう。ここに恐ろしいところがある。刑務所はそんなことはできないじゃないですか。懲役1年だけど最近治安が悪いからこの人は2年入れておこう、そんなことをしたら憲法違反になりますよね。でも入管にはそれができてしまう。とにかく入管の裁量は大きく、ほとんどオールマイティです」

急増する「退令仮放免者」

帰るに帰れずに長期間収容される非正規滞在者の数が増えている。だが収容施設の収容能力にも限界がある。その一方で在留特別許可の件数はむしろどんどん低下している。では帰れない人々は今どうなっているのか。実は、退去強制令書を発布された後に「仮放免」される外国人（「退令仮放免者」または「送還忌避者」という）が急増しているのだ。

退令仮放免者の数は2008年に初めて1000人の大台を突破し、過去5年ほどは3000人台で推移している。つまり、一度摘発され帰国を命じられてはいるものの、「帰るに帰れない」ために（ときには長期間に及ぶ）収容を解かれ、とはいえ在留特別許可による正規化がされることもないまま、在留資格のない状態で仮放免されている外国人が増えているのだ。

被収容の状態から解放されるという意味では同じでも、在留特別許可と仮放免とでは置かれる状況がまったく違う。なぜなら仮放免者の権利は大きく制限されるからだ。

仮放免とは、在留資格を与えないまま、申請（補償金の納付が必要）または職権によって一時的に収容を解く措置のことである。退令仮放免者は、原則毎月入管に出頭しなければならないほか、住む場所や行動範囲についても厳しく制限され、就労も禁じられている。

図表5-7　非正規滞在者を取り巻く様々な措置の関係性

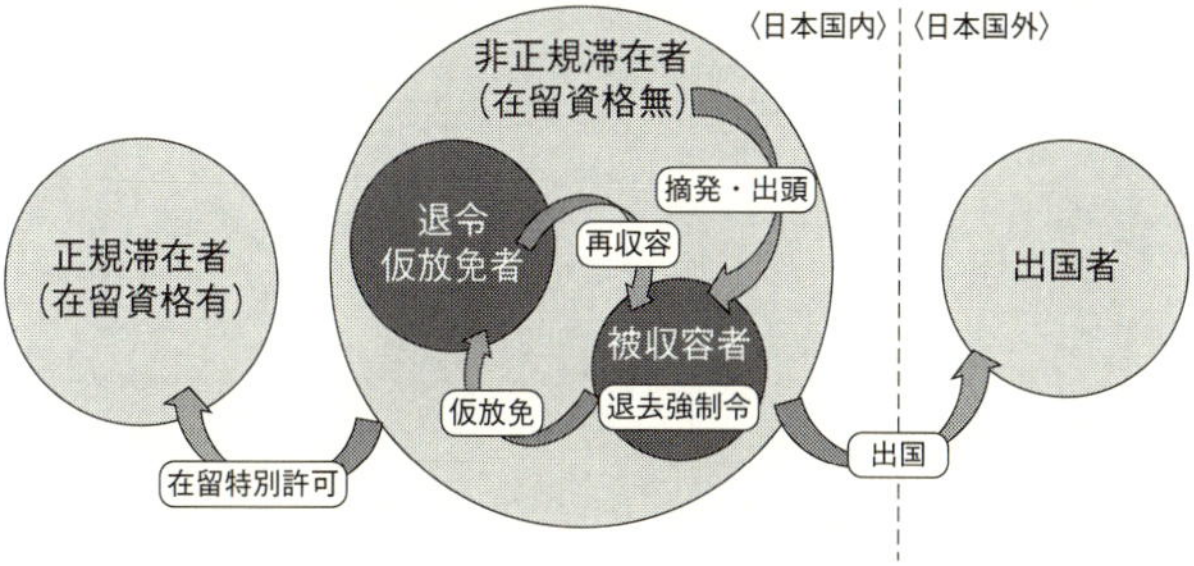

したがって仮放免者はいつ再収容されるかわからないという不自由かつ不安定な状況に置かれる。仮放免はいわば「延長された収容」として機能するのだ。

収容施設に収容可能な人数の上限があるという物理的制約、在留資格がないとはいえ帰るに帰れない状態へと陥ってしまった外国人たちの事情、そして非正規滞在者に対する在留特別許可はあくまで例外として少数に抑えたいという政府側の思惑——これらの要素の結果として増大したのが「退令仮放免者」というマージナルな存在だった。

彼らは、物理的な収容施設の外側に仮想的に設けられた「屋根のない収容所」で暮らす人々だ。退令仮放免者は生活を維持するために働くことすら許されない。もし働けば、再び収容されるリスクと隣り合わせの状態だ。しかし、働かずにどう生活していけばよいのだろうか。

実質的に生活が不可能な状態へと帰るに帰れない人々を

追い込み、それによって何とか「自発的な出国」へと結びつけたい――そうした政府の意図が透けて見えてくる。こうした構造を放置して良いとは私には到底思えない。

マクリーン事件

本章の最後に、「外国人の権利」というテーマに触れておきたい。被収容者や仮放免者の置かれた状況を見るとき、あるいは劣悪な環境で働かされる技能実習生、在留資格を得るために「素行要件」を課される日系人の置かれた状況を見るとき、同じ人間であるはずの「外国人」と「日本人」との間に、享受できる権利や人権をめぐるとても大きな差異があることを感じるからだ。

日本における外国人の権利をめぐっては、1978年10月の「マクリーン事件最高裁判決」を参照しないわけにはいかない。この事件は、アメリカ人の英語教師が1年間の在留期間の更新を求めたところ認められず、その判断の是非を争って裁判を起こしたというものである。

結論から言うと、最高裁はマクリーンによる訴えを退けた。そして「憲法第三章の諸規定による基本的人権の保障は、権利の性質上日本国民のみをその対象としていると解されるものを除き、わが国に在留する外国人に対しても等しく及ぶものと解すべき」だが、同時に「外国人に対する憲法の基本的人権の保障は、右のような外国人在留制度のわく内で与えられているにすぎない」と判示した。

つまり、ここでは一方で「外国人にも基本的人権の保障は及ぶ」と言いながら、他方でその「基本的人権の保障はあくまで外国人在留制度の枠内においてのみ与えられる」とも言っているわけである。外国人在留制度やその運用によっては、外国人の権利が制限されうるという見方が示されているのだ。

しかし、制度やその運用によって柔軟に制限されうる人権というのは果たして権利の名に値するのだろうか。同判決からさらに引用する。

「外国人の在留の許否は国の裁量にゆだねられ、わが国に在留する外国人は、憲法上わが国に在留する権利ないし引き続き在留することを要求することができる権利を保障されているものではなく、ただ、出入国管理令上法務大臣がその裁量により更新を適当と認めるに足りる相当の理由があると判断する場合に限り在留期間の更新を受けることができる地位を与えられているにすぎないものであり……」

ここでも外国人の在留をめぐってその「権利」よりも、国、法務大臣の「裁量」が上位にあるということが言われている。

国家の裁量と外国人の権利

この政府側の「裁量」には見覚えがある。在留特別許可の判断も政府の裁量、上限のない収容をいつ終えるかも政府の裁量だ。永住許可も、在留資格の更新も同じである。「人権」とは、どの国家に属していようとも、人間として生まれたすべての人々が等しく持っているべき権利があるという理念である。その理念においては、具体的な場所と時間に存在する国家が、そこで暮らす人々に対して人権を保障する存在として想定されている。

だが「移民」をめぐってこの問題が一筋縄ではいかなくなるのは「どの国家が誰の人権を保障するのか」というメンバーシップに関わる問いが常に伏在しているからだ。日本国籍を持っていれば政府によって国から追い出されることはない。そこに裁量の余地はない。しかし外国人となると別である。政府は「国家主権」の名のもとに自らの裁量を留保する。

現在、地球は数多くの領域国家によって分割され、それぞれの国家のメンバーに対しては、それぞれの国家が人権を保障するというシステムが想定されている。しかし、国境を越えた人の移動が活発化するとき、特にその移動が一時的なそれではなく、長期的、あるいは恒常的な移動であるとき、「自国民」と「外国人」の区別をどう維持し、外国人に対してどの程度の権利を付与するかは正解のない極めて政治的な問題となる。

領域国家の並立というあり方そのものがしばらく変わらないとすれば、「国家の裁量」と「外国人の権利」の相克という問題は残り続ける。だが外国人を日本へとどんどん呼び込み、その力に頼ろうとしている今、いつまでも「国家の裁量」だけを強調するような姿勢は見直されなければならない。「上限のない収容」がもってのほかであるように、こうした既存の一つひとつの制度や仕組み、政策の運用に伴う外国人の権利の侵害をしっかりと認識し、外国人の権利の保障に配慮した形へと作り変えていくことが必要である。

---

(1) 白波瀬達也『貧困と地域——あいりん地区から見る高齢化と孤立死』中央公論新社、2017年、50〜51頁

第6章　「特定技能」と新たな矛盾

新たな在留資格の創設

２０１８年末の臨時国会に政府が提出した入管法改正案の成立により、新たな在留資格「特定技能」の創設が決定された。特定技能による外国人の受け入れは早くも２０１９年4月から始まり、新制度導入後の最初の5年間で最大34万５１５０人もの外国人が受け入れられる見込みであるという。これは現時点ですでに日本に存在する留学生や技能実習生よりも多い数である。

２０１２年末から２０１７年末までの5年間で、在留外国人は２０３万人から２５６万人へと増えた。5年間で53万人もの増加である。２０１８年に入ってもその増加のペースは衰えておらず（6月末時点で２６３・７万人）、２０１８年末には２７０万人前後にまで増えていることだろう。こうした既存の増加傾向に加えて、２０１９年からの5年間で特定技能がさらに最大34・５万人を積み増すということが起きていく。在留外国人が３００万人を超える日はすぐそこまで迫っているのだ。

法改正のあと、政府が12月25日に閣議決定した特定技能の「基本方針」には、この新制度の意義が次のように記されていた。

「中小・小規模事業者をはじめとした深刻化する人手不足に対応するため、生産性向上や国内人材の確保のための取組を行ってもなお人材を確保することが困難な状況にある産業上の分野において、一定の専門性・技能を有し即戦力となる外国人を受け入れていく仕組みを構築すること」

ここに書かれているように、政府が特定技能を新設したのは、人手不足の産業分野へと外国人労働者を受け入れていくためである。またこの「基本方針」には、生産性向上及び日本人の雇用を図ってもなお人手が足りない産業分野のみに外国人労働者の受け入れを限るということ、そして外国人労働者には一定の専門性と技能を求めるということ、これらの二点が受け入れに対する制約として記されてもいる。

だが政府はなぜこのタイミングで新たな在留資格が必要だと考えたのだろうか。特定技能が始まったあと、これまで外国人労働者の受け皿となってきた様々な在留資格はどうなっていくのだろうか。特定技能の導入は日本の外国人労働者政策を今後どのように変えていくのだろうか。

特定技能は「就労」を目的とした在留資格であり、「技能実習」や「留学」とは表向きの性質がかなり異なる。「専門・技術」の在留資格群と同様、外国人労働者をフロントドアから受け入れるという性格のものだからだ。

これまで見てきた通り、サイドドアからの「いわゆる単純労働者」たちの事実上の受け入れは、様々な矛盾を孕んだものだった。特定技能の新設がそれらの矛盾を解消し、外国人労働者の受け入れのあり方をより良い形に変えるとすれば素晴らしいことだ。だが早とちりは良くない。まずは特定技能がどんな制度であるかを客観的に理解することが必要である。

本章では、特定技能が創設されるまでの経緯を追いながら、新たな在留資格が何を変え、何を残すのか、その本質について考えてみたいと思う。

2月の総理指示

直接のきっかけとなったのは、2018年2月20日の経済財政諮問会議で安倍首相から出された総理指示だった。この場で安倍首相は次のように発言したと報道されている――「移民政策をとる考えはないが、5年間のアベノミクスで有効求人倍率が高水準となる中、深刻な人手不足が生じている。専門的、技術的な外国人受け入れの制度のあり方について早急に検討してほしい(1)」。

この発言には三つのポイントがある。一つめのポイントは、これまでも繰り返してきた「移民政策ではない」という言葉をここでも使っていることだ。すでに見たように、この言葉は外国人の受け入れ拡大を行う際、保守派の支持層に目配せするための言い訳として使われてきた。その具体的な意味合いは、外国人には定住をさせない、いつか帰国させるので安心だということである。

二つめのポイントは、2012年末の第2次安倍政権発足以降、自らが進めてきたアベノミクスの結果として人手不足が深刻化しており、それへの対応が必要になっているというストーリーを描いていることだ。中長期的な労働力人口の減少だけでなく、短期的な好景気も背景にあるのだと印象付けている。

そして、三つめのポイントは、人手不足への対応を就労目的の「専門的、技術的な外国人」の枠組みを見直すことによって行おうとしていることだ。つまり、既存のフロントドアの枠を拡張することによって、これまではサイドドアから外国人労働者を受け入れてきた業種に対して、フロントドアからの受け入れ口を作ろうという意図が示されていたわけである。

当時の報道によると(2)、茂木経済財政政策担当相は介護、農業、建設、運輸などを受け入れ拡大の具体的な検討対象として掲げていたという。建設や農業はこれまでも技能実習を中心に外国人労働者を受け入れてきた業種であり、介護についても2017年11月に技能実習の対象職種に加えられたばかりであった。

第2章でも概説した通り、就労を目的とする「専門・技術」カテゴリーの在留資格群には、「技術・人文知識・国際業務」や「経営・管理」、「法律・会計業務」、「教育」、「医療」など全部で10を超える在留資格が含まれる。最も新しいものでは介護福祉士の資格取得を条件とした在留資格「介護」が、「専門・技術」カテゴリーの一つとして2017年9月から新設されている。

したがって、2月の総理指示に沿って、こうした「専門・技術」カテゴリーの在留資格群がどのように拡充されていくのかに対する注目が集まることになった。

6月の「骨太の方針」

総理指示から4ヵ月後の6月15日、外国人労働者(ちなみに政府は「外国人材」と呼ぶ)の受け入れ拡大を含む様々な政策の方針をまとめた「骨太の方針2018(経済財政運営と改革の基本方針2018)」(以下「方針」)が閣議決定された。

「方針」の作成過程で明らかになったのは、政府が「専門・技術」分野の在留資格群に「農業」や「建設」という新たな在留資格を一つずつ追加していく形ではなく、「特定技能」という一つの在留資格のみを新設する制度案で、総理指示の内容を実現しようとしているということだった。

「方針」は業種については何も示さず、むしろスキルレベルについての考え方を示した。「方針」は「従来の専門的・技術的分野における外国人材に限定せず、一定の専門性・技能を有し即戦力となる外国人材を幅広く受け入れていく仕組みを構築する必要がある」とし、「一定の専門性・技能を有し、即戦力となる外国人材」という言葉を作り出した。

ここで付された「一定の」という形容詞によって、新たな在留資格案と従来の「専門・技術」分野の在留資格群との間の微妙な差異が暗に示されることになった。「一定の」が示していることは、2月に指示された「専門・技術」分野カテゴリーの見直しが、それを横向きに拡張するのではなく、下向きに拡張する形で進められたということであった。

構想中の新たな在留資格は、「専門・技術」分野の一部でありながら、従来の枠組みを明確にはみ出していた。むしろ、それは就労を目的とする在留資格でありながらも、これまではサイドドアから導入されてきた「いわゆる単純労働者」の領域とより多く重なっているように思われた。では新たな在留資格を通じて受け入れる業種はどう決めるのか。「方針」には次のように記されていた。

「生産性向上や国内人材の確保のための取組（女性・高齢者の就業促進、人手不足を踏まえた処遇の改善等）を行ってもなお、当該業種の存続・発展のために外国人材の受入れが必要と認められる業種において行う」

つまり、新たな在留資格案を通じた受け入れ拡大に際しては、日本人の雇用促進を進めてもなお人手が足りない業種を選んでそうするということだ。ここで行われている論理の操作について全体の構図を振り返りながら確認しておこう。

これまで、就労目的の「専門・技術」カテゴリーの在留資格群は、すべてその「専門性」や「技術」が受け入れの名目となっていた。実態がどうであれ、それらは人手不足解消のために設けられた在留資格ではなく、専門性や技術を持った外国人労働者に日本国内で働いてもらうことによって、日本の発展や経済成長へと貢献してもらうのだというストーリーが建前とされていたわけである。

しかし、「方針」で示された新たな在留資格においては、その肝心の専門性や技術に「一定の」という留保が付され、業種の選定条件として人手不足こそが強調されることになる。これによって、これまでは結びつき得なかった「就労目的の在留資格」と、「人手不足の解消」という受け入れの目的とが、初めて直接的な形で結びつくことになったのだ。

技能実習からの連続性と断絶

新たな在留資格を取得するのは誰なのか。「方針」は業種ごとに必要な技能・知識や日本語能力を試験等で確認するのだとしていた。と同時に、3年間の技能実習を修了した者にはこの試験等を免除するという方向性も示した。

「技能実習(3年)を修了した者については、上記試験等を免除し、必要な技能水準及び日本語能力水準を満たしているものとする」

ここまで来ると、この新たな在留資格の性格がよりはっきりと見えてくる。まず、新設する一つの在留資格で人手不足の業種に対する幅広い人材供給を可能にしたいということだ。この包括性と柔軟性は技能実習の性質と極めてよく似ている。

技能実習は途上国に対する技能移転という包括的なお題目を設けつつ、具体的な対象職種・作業は省令で定めるという柔軟性を持った制度だ。省令は国会を通す必要がないため、政府側にとっての裁量が大きい制度設計になっている。実際に、幾度にもわたる省令改正を経て、技能実習の対象職種・作業はこれまでもなし崩しに拡大されてきた。新たな在留資格案は技能実習からこうした制度上の包括性と柔軟性を引き継いでいる。

新たな在留資格案のもう一つの性格は、それが技能実習の実質的な延長版として構想されている面があるということだ。新しい在留資格の取得には、試験での合格か技能実習2号（3年）の修了かという二つのルートがある。後者のルートが準備されているということは、新たな在留資格案に、実習生として来日した外国人が日本で滞在可能な期間を引き延ばす趣旨があることを感じさせる。

これまで非熟練分野における外国人労働者の受け入れルートとして機能してきた技能実習制度について、その滞在可能期間の延長はたびたび要請され、実際に実現してきた。技能実習法と共に技能実習3号が設けられ、技能実習での最長の在留期間が3年から5年へと延長されたのもつい最近のことだ。

また、2015年から2020年までの時限措置として、東京オリンピック・パラリンピックなどに向けた建設業(及び造船業)の人手不足解消を名目に、一度帰国した技能実習2号修了者に対して「特定活動」の在留資格を付与する「外国人緊急雇用」という施策も始まっている。時限措置であるとはいえ技能実習による在留可能期間を実質的に延長する施策であり、新たな在留資格案の先駆として位置付けることもできるだろう。

技能実習の表向きの目的は日本から途上国への技能移転であるから、実習が終わったら自国に戻って日本で学んだことを活かしてもらうというのが建前である。その建前を維持しながら在留期間を延長し続けるのには限界があるし、技能実習の後に「特定活動」で再度来日して働くというのは極めて不自然な形だ。「緊急雇用」の名称通り、建前すらかなぐり捨てている感がある。

6月の「方針」に示された新たな在留資格案は、制度上の包括性と柔軟性、そして技能実習修了後の延長版としての性格という二つの意味で、技能実習をベースとした制度案であるように見えた。さらに、家族の呼び寄せを認めないという点についても技能実習と同じ設計となっていた。

だが、「方針」には新在留資格案について、技能実習とは根本的に異なる論理が一つ挿入されてもいた。

「ただし、新たな在留資格による滞在中に一定の試験に合格するなどより高い専門性を有すると認められた者については、現行の専門的・技術的分野における在留資格への移行を認め、在留期間の上限を付さず、家族帯同を認めるなどの取扱いを可能とするための在留資格上の措置を検討する」

この文章で確認されていることは二つある。一つは新たな在留資格案が「現行の専門的・技術的分野の在留資格」とは違うものであるということだ。これによって「就労」を目的とする在留資格が上下2種類に分化されることが示唆されている。新たな在留資格は既存の就労目的の在留資格より専門性の劣るそれであり、前者から後者に移るには試験の合格などが必要だというわけである。

もう一つは、新たな在留資格からは既存の就労目的の在留資格へと至るルートを通じて

図表6-1 「骨太の方針」時点での構想（2018年6月）

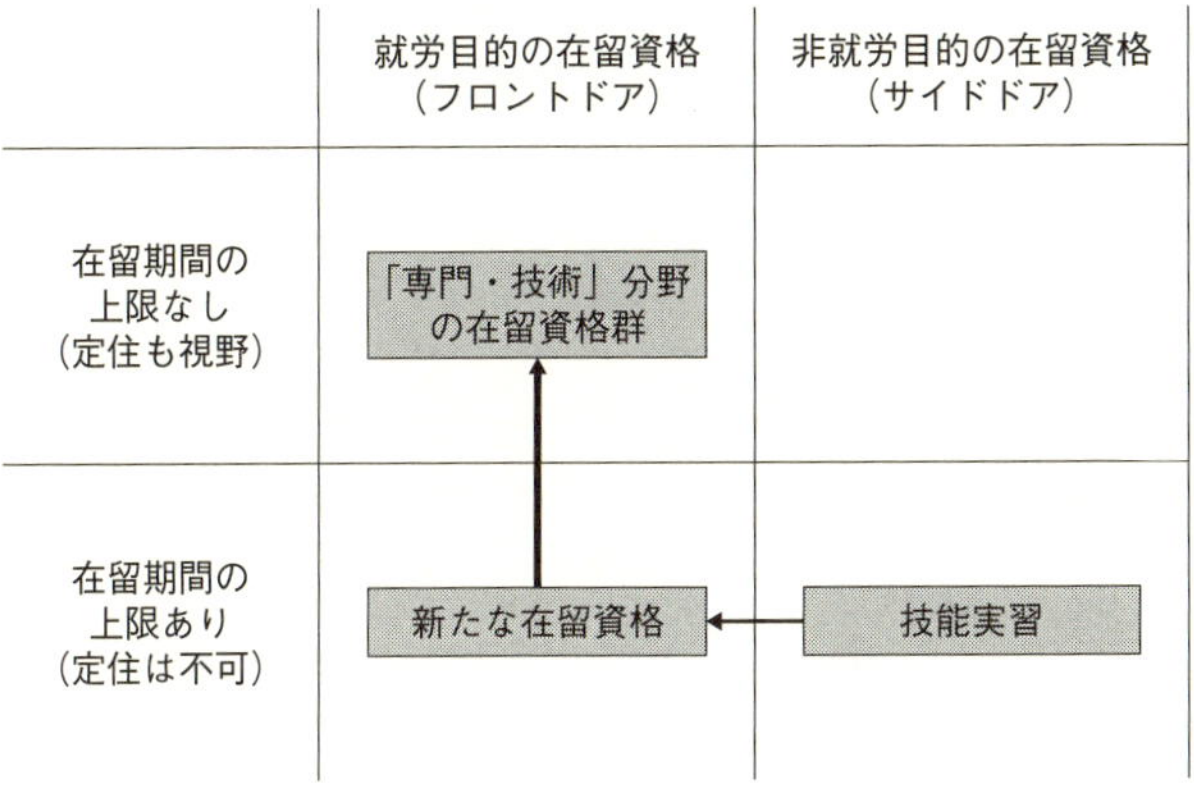

家族帯同やのちの永住への道が開けているということだ。この点は、単身での来日や帰国を前提とする技能実習との非常に重要かつ大きな違いである。

つまり、「方針」が示した新たな在留資格案は、サイドドアからフロントドアへの移動を可能にし、帰国を前提とした出稼ぎのみならず滞在期間に上限のない定住にも道を開く設計となっているように見えたのである。

成立した法改正

２０１８年12月８日未明。参議院本会議で「入管法及び法務省設置法の一部を改正する法律案」が可決、成立した。同年２月20日の総理指示に始まったこのプロセスは、６月15日の

「骨太の方針」を経て、わずか10ヵ月足らずで法改正へと結実した。

国会に提出された法律案の要旨に沿って整理すれば、この法改正によって定められたことは次の7つである。

1．在留資格「特定技能1号」を創設する
2．在留資格「特定技能2号」を創設する
3．政府は「基本方針」を定めなければならない
4．法務大臣は関係行政機関の長と共同で「分野別運用方針」を定めなければならない
5．受入れ機関は「1号特定技能外国人支援計画」を作成しなければならない
6．法務省の外局として「出入国在留管理庁」を設置する
7．この法律は2019年4月1日から施行する

法律の建てつけとして重要なことは、制度の具体的内容の多くが法律の外で「基本方針」や「分野別運用方針」として定められる形になっていることだ。つまり、制度の具体

図表 6-2　臨時国会で成立した改正入管法の内容（2018 年 12 月）

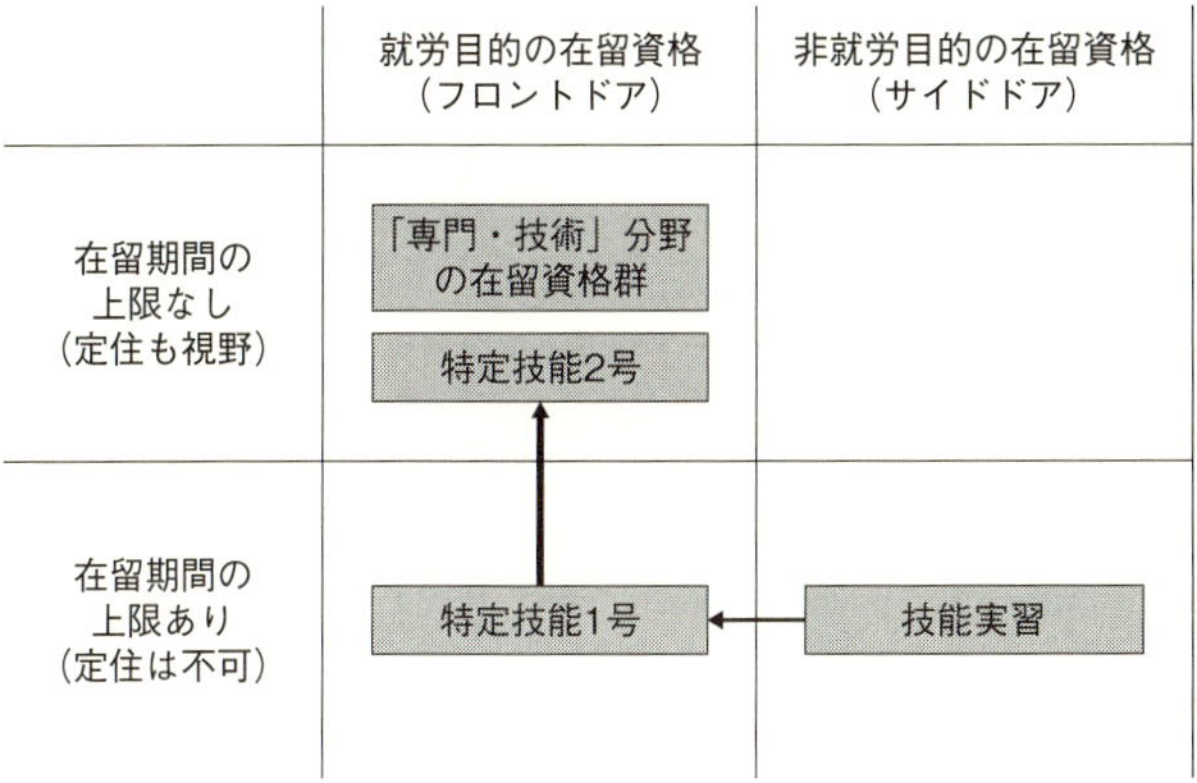

的なあり方の多くの部分は議会の承認を必要とせず、政策を実行する政府自身によって決められるという形になっている。技能実習と同様、政府側の裁量が大きい制度設計だ。

どの分野でどの程度の人数を受け入れるかといった重要な内容も法律外で決められる。政府は実際に法改正成立後の12月25日に、政府自身（外国人材の受入れ・共生に関する関係閣僚会議）がまとめた基本方針や分野別運用方針を閣議決定した。

今回の法改正によって実現した新しい制度は確かに6月時点のコンセプトをベースにしている。ただし、異なっている点や具体化が進んでいる部分も多い。一つずつ確認していこう。

図表6-3　特定技能による当初５年間の最大受け入れ見込み人数

総計	345,150
農水省所管合計	132,500
外食業	53,000
農業	36,500
飲食料品製造	34,000
漁業	9,000
厚労省所管合計	97,000
介護	60,000
ビルクリーニング	37,000
国交省所管合計	84,200
建設	40,000
宿泊	22,000
造船・舶用工業	13,000
自動車整備	7,000
航空	2,200
経産省所管合計	31,450
素形材産業	21,500
産業機械製造業	5,250
電気・電子情報関連産業	4,700

出典：分野別運用方針（2018年12月25日閣議決定）

特定技能1号と2号

まず、「特定技能」という名の新たな就労目的の在留資格には1号と2号が設けられることになった。

6月の「方針」時点では、新たな在留資格の上限は5年でその後は既存の「専門・技術」分野の在留資格群へと移行可能だと示唆されていた。それが、上限5年の特定技能1号と、更新回数に上限の無い特定技能2号という組み合わせへと変わった形だ。

特定技能1号は家族帯同ができず、2号は可能である。2019年4月から受け入れを開始するのは特定技能1号のみで、2号は2年遅れて2021年度から開始するという。雇用形態はフルタイムかつ直接雇用を原則とし、「農業」と「漁業」のみ派遣を認めた。転職も「同一の業務区分内」であれば可能だが、同時に複数の会社と契約することはできない。

特定技能で外国人を受け入れる分野は「生産性向上や国内人材の確保のための取組を行ってもなお人材を確保することが困難な状況にある産業上の分野」であり、特定技能1号では、最初の5年間で全14分野・最大34万5150人の受け入れが見込まれている。14分野のうち受け入れ見込みの人数が最も多いのが「介護」であり（最大6万人）、その後に「外食」（最大5万3千人）と「建設」（最大4万人）が続く。各分野を所管するのは農水省、厚労省、国交省、経産省の4省であり、農水省所管分が最も多い。なお、2号は現在のところ国交省が所管する「建設」と「造船・舶用工業」の2分野に限られる見込みだ。

受け入れ分野を産業別に見ると、割合としては第三次産業が最も多く全体の半数以上（52％）を占める。だが、日本全体での第三次産業の割合（7割程度）に比べると少ない。特定技能で受け入れる外国人労働者は日本人の働き手が相対的に少ない農業や漁業などの第一次産業、そして建設や製造業などの第二次産業にやや偏った形での受け入れが見込まれるということだ。

人手不足の状況の変化によっては、分野ごとに新規の受け入れが停止されることになっている。また、東京などの大都市圏に集中しないための措置も講じるとのことだが、その具体的な内容は不明である。

多くの分野は技能実習からの移行のみで開始

特定技能1号と2号の取得に必要な技能水準はそれぞれ次の言葉で表現されている。1号が「相当程度の知識又は経験を必要とする技能」、2号が「熟練した技能」だ。各産業分野を所管する省庁が法務省と連携しつつそれぞれの水準を決定するという形を取っており、1号については一定の日本語能力水準も必要とされる。

特定技能1号の取得に必要な日本語能力の水準は「ある程度日常会話ができ、生活に支障がない程度を基本とし、業務上必要な日本語能力」とされ、具体的には既存の「日本語能力試験」のN4（基本的な日本語を理解することができる）以上が目安のようだ。「日本語能力判定テスト（仮称）」という新しい試験も創設予定だという。

特定技能1号を取得したい外国人は技能水準と日本語能力水準の両方の試験に合格する必要がある。ただし、重要な例外として技能実習2号（3年）の修了者は試験を免除されている。この点は6月の「方針」時点からまったく変わっていない。

受け入れは当面アジアの9ヵ国が対象となり、それぞれの国との間で悪質なブローカーの排除などのための政府間文書を結ぶ。9ヵ国はベトナム、フィリピン、カンボジア、中国、インドネシア、タイ、ミャンマー、ネパール、モンゴルである。

だが、2019年4月から試験が実施されるのは介護、外食、宿泊という三つの分野に限られる。それ以外の分野では技能実習2号修了者からの移行のみで制度の運用を開始し、2019年度内に試験での受け入れを始める見込みとなっている。

逆に、制度の開始当初から試験を実施する三つの分野は技能実習からの移行が見込めない分野である。技能実習の対象に介護が追加されてからはまだ日が浅く、外食と宿泊はそもそも技能実習2号の対象ですらない。

これに関連して、宿泊業を技能実習2号の対象職種に追加しようとする動きもある。観光庁は国会でその理由として「わが国の宿泊業はきめ細やかなサービスや清潔感が特徴。観光が重要な産業である場合が多い途上国では技能習得のニーズが高い」とあくまで従来の建前に沿った「国際貢献」風の説明をした。

だが、タイミングから考えると「技能実習から特定技能へ」という流れを宿泊業においても作り出そうとしているようにしか見えない。与党内からも「技能実習2号の対象業種を拡大し、特定技能1号の人材供給源にすべきだ」との声があったと報じられている(3)。

技能実習の代替ではなく延長

このように、特定技能は技能実習の存在を前提としており、技能実習を実質的に延長するものであるという側面が色濃い。したがって、新設した特定技能によって矛盾の多い技能実習を代替し、将来的に廃止するといった道筋が描かれているわけではないのだ。少なくとも、新しい制度の開始時点では技能実習と特定技能は不可分の設計になっている。

また、特定技能の制度設計を見ると技能実習の構造的な問題を引き継いでしまうのではないかという懸念を感じざるを得ない。なぜなら、特定技能における外国人受け入れの仕組みは技能実習のそれと極めてよく似ているからだ。

特定技能では、技能実習と同様、外国人労働者と受け入れ企業(制度上は「受入れ機関」と呼ばれる)とのマッチングに国が直接関与する形を取っていない。したがって、送り出し国側と日本側の双方において民間の事業者が介在する形となっていくことは間違いない。

悪質な事業者は当然発生するだろうし、技能実習にすでに悪質な形で関わっている事業者も紛れ込んでくるだろう。法務省の外局として新設される「出入国在留管理庁」を中心に対処していくということにはなっているが、技能実習で失敗している悪質な中間事業者の排除が、特定技能であればうまくいくだろうとはなかなか想像しづらいものがある。

受け入れ企業には、日本人と同等以上の報酬とすること、そして労働基準法や社会保険関係法令などを遵守することが求められているが、これらは当たり前のことである。むしろ問題なのは、技能実習でもすでに同じことが企業側に対して求められており、にもかかわらず第4章で論じたような事態が発生し続けているということだ。そのことから目を背けるわけにはいかない。問題は紙に書かれたルールがその通りには実現されていないということにある。

同様に、「基本方針」が受け入れ企業に対して求めている支援の内容についてもその実効性がどのように、どの程度担保されていくか、制度の運用が開始されてからしっかり見ていく必要があるだろう。

「基本方針」が、求められる支援の主な内容として掲げているのは次の9点だ。

1. 外国人に対する入国前のガイダンスの提供（外国人が理解することができる言語により行う。4、6及び7について同じ。）
2. 入国時の空港等への出迎え及び帰国時の空港等への見送り
3. 保証人となることその他の外国人の住宅の確保に向けた支援の実施
4. 外国人に対する在留中の生活オリエンテーションの実施（預貯金口座の開設及び携帯電話の利用に関する契約に係る支援を含む。）
5. 生活のための日本語習得の支援
6. 外国人からの相談・苦情への対応
7. 外国人が履行しなければならない各種行政手続についての情報提供及び支援
8. 外国人と日本人との交流の促進に係る支援
9. 外国人が、その責めに帰すべき事由によらないで特定技能雇用契約を解除される場合において、他の本邦の公私の機関との特定技能雇用契約に基づいて「特定技能1号」の在留資格に基づく活動を行うことができるようにするための支援

受け入れ企業はこうした支援を外部の「登録支援機関」に対して委託することができるという仕組みになっている。登録支援機関となるには出入国在留管理庁長官の登録が必要だが、その要件は緩い。多くの分野で技能実習からの移行がかなりの割合を占めることを考えれば、技能実習における日本側の仲介事業者である「監理団体」が登録支援機関の役割を担う形が一般的になることは想像に難くない。

就労目的でも「就労資格」と認めない

とはいえ、6月の「方針」のパートでも論じた通り、新たな在留資格には技能実習とは根本的に異なる論理も導入されているのではないか。つまり、在留期間の長期化、そして家族の呼び寄せによる日本での定住への可能性も開けているのではないか。

技能実習の期間は2017年に最長5年にまで延長されたが、その後の帰国を免れることはできない。また技能実習では家族の呼び寄せもできない。技能実習では定住は無理なのだ。そして、これは特定技能1号も同じである。だが特定技能2号は大きく異なる。家族も呼べるし期間の上限も無いのだ。技能実習2号→特定技能1号→特定技能2号と進めば、やがては永住権の取得すら視野に入ってくるのではないか。

制度上はそうである。しかし、表向きの見え方とは異なり、実質的にはいくつもの障害が張り巡らされている。まず、先に見た通り特定技能2号の対象分野が今のところ二つしかない。特定技能1号の介護分野で就労した外国人は、介護福祉士の資格を取れば在留資格「介護」に移ることができるとされている。しかし、それ以外の分野では特定技能1号の先の2号への道が閉ざされているのだ。「建設」と「造船・舶用工業」以外の分野では、2号は今のところ絵に描いた餅でしかない。

さらに、仮に何らかの形で特定技能2号を取得できたとしても、永住権取得のハードルはかなり高くなりそうだ。問題は法務省が公表している「永住許可に関するガイドライン」にある「原則10年在留」という要件と関係している――「原則として引き続き10年以上本邦に在留していること。ただし、この期間のうち、就労資格又は居住資格をもって引き続き5年以上在留していることを要する」。

重要なのは後段の「就労資格」である。在留10年のうち「就労資格」での在留が5年以上あれば永住許可の可能性が出てくる。だが、法務省は今回の特定技能の新設に合わせて、技能実習と特定技能1号はこのガイドライン上の「就労資格」には当たらない旨を明記する方向で動いているというのだ(4)。

もしこの通りにガイドラインが変更されれば、技能実習5年と特定技能1号5年との組み合わせでは永住許可は出ないことになる。また、技能実習3年、特定技能1号5年、特定技能2号2年の組み合わせでも同様だ。

百歩譲って技能実習を就労資格と認めないということならまだわかる。表向きは政府自身による建前とも合致しているからだ（もちろん実態は就労なわけだが）。しかし就労目的の在留資格であると政府自らも言っている特定技能1号まで「就労資格」のカウントに含めないというのは論理として完全に破綻しているのではないか。

このように、特定技能1号に対して「就労資格であって就労資格ではない」という奇妙な位置づけが与えられようとしている。特定技能の新設によって、これまでサイドドアからの受け入れに伴ってきた建前と現実の乖離が乗り越えられるわけではなく、むしろまた新たな矛盾が作り出されようとしている。

グローバルな経済の論理にもとづいて外国人労働者の受け入れを拡大する。低賃金で働いてくれる外国人労働者にはできるだけ長く日本で働いてもらいたい。だが、いつかは帰ってもらいたい。外国人が定住という形で日本社会に浸透していくことは可能な限り阻止したい――。

「移民政策ではない」という言葉が新たな制度の具体的なあり方の一つひとつとして表現されていく。特定技能2号の開始を先送りし、2号の対象分野を大幅に絞り込み、技能実習と特定技能1号を永住許可に必要な「就労資格」から排除する。「グローバル」と「ナショナル」との狭間で、また一つ不透明で不安定なレイヤーが生み出されようとしている。

（1）「財政諮問会議　外国人労働者の拡大策検討　専門職受け入れ」毎日新聞、２０１８年2月20日 https://mainichi.jp/articles/20180221/k00/00m/020/111000c
（2）「外国人労働者の就労拡大　首相が検討開始を指示　単純労働者の増加には懸念も」産経ニュース、２０１８年2月20日　https://www.sankei.com/politics/news/180220/plt1802200050-n1.html
（3）「技能実習に『宿泊業』追加＝新在留資格の人材確保狙う」時事ドットコム、２０１８年11月24日 https://www.jiji.com/jc/article?k=2018112400316&g=soc
（4）「永住許可、新資格には厳しく　技能実習は『帰国を前提』」朝日新聞デジタル、２０１８年11月7日　https://digital.asahi.com/articles/ASLC65FZYLC6UTIL02M.html

終章　ふたつの日本

日本で暮らす「移民」たち

「日本にいるにもかかわらず、やはり私の世界というのはペルー人コミュニティですね」――この言葉を口にしたのは、第1章でも紹介した1990年頃に来日した日系ペルー人の男性だった。日本ですでに30年近く暮らすものの、日常的にコミュニケーションを取る日本人は一人もいないという彼は、同じ日系ペルー人の女性と結婚し、日本で生まれた二人の娘を20代になるまで育てあげていた。

来日当初も今も、彼は自動車関連の工場で働いている。50代後半になっても昔から変わらず時給制で週6日働く日々。かつてはまったく話せなかった日本語も今ではだいぶ理解できるようになったが、彼の話を聞くにはやはり通訳に入ってもらう必要があった。昔も今も、工場には外国人労働者が多く、生活上の関係性はペルー人たちのコミュニティ内部に閉じている。

彼自身も、妻も、日本に来るときは1年間の「出稼ぎ」のつもりだった。しかし、日本で結婚し、子どもができ、いつの間にか時間が過ぎていった。リーマンショックで製造業に勤める日系人労働者たちが大量解雇の憂き目にあったとき、彼も妻も解雇された。周りで多くのペルー人たちが帰国する中で、それでもこの家族は日本に残ることを決めた。その決断は日本で生まれ育った子どもたちのためだったという。

＊＊＊

ここ数年のうちにコンビニや居酒屋で働く外国人の姿を見ることは日常の一部になった。しかし、彼らはどこまで行ってもただ「目にする」存在に止まり、個人的な関係を取り結ぶ相手とはなりにくい。日常的に接していても、友達になる可能性は少ない。

日本語学校で学ぶ留学生たちに話を聞いたときのことだった。彼らも私と同じことを思っているようだった。日本語学校とアルバイト先と寮。彼らはこの三つを毎日ぐるぐると回るような生活を送っていた。彼らにとってはアルバイト先が唯一日本人との新しい出会いの場となっているようだった。

日本語学校の学生たちの中でも比較的日本語が得意な者たちがコンビニや居酒屋など日本語を多用する接客業で働き、仕事を通じて日本語もどんどん上達していく。反対に、日本語がまだ得意でない学生は深夜の弁当工場や運送業者などで働くのだという。

つまり、私が普段の生活で目にしているのは、留学生のすべてではないということだった。すれ違うことすらできない人たちもいるのだ。コンビニのレジに立っている外国人もいれば、コンビニに並ぶ弁当を深夜の工場で作っている外国人もいる。同じ社会に暮らしていても、一人ひとりは互いの小さな世界の中で暮らしている。互いの存在は見えず、知り合わず、話し合わない。それは私も、あなたも、同じことである。

＊＊＊

実習先から「強制帰国」を宣告された技能実習生にも出会った。彼女は同僚と些細な喧嘩をしたことがきっかけで実習先の仕事から外され、突如帰国を告げられてしまった。

彼女には日本に来るためにつくった多額の借金がまだ残っていた。そして、技能実習の期間もまだ残っていたのだ。彼女は知人を頼って軟禁されていた場所から逃げ出し、実習生たちを保護する支援者のもとへとたどり着いた。

支援者に聞くと、強制帰国の目的は「不要になった外国人」を強制的に帰国させることだけではないのだという。誰かに強制帰国という制裁を課すことが、これから残る実習生に対する見せしめとして機能するという意味合いも強いのだと。

いらなくなったら帰ってもらう。面倒になったら帰ってもらう。その恐怖で、ただでさえ脆弱な立場にある外国人たちから最後の声が奪い取られていく。持っているはずの権利も、構造的に生み出され続ける沈黙の中へと握りつぶされてしまうのだ。

いくつものレイヤー

日本で暮らす外国人は増えている。人口の2%といえば先んじる欧米などの移民国家に比べてまだまだ少ないが、確実にその数も、割合も増え続けている。そして、政府が急いで「特定技能」の在留資格新設へと走ったことからもわかるように、今後もしばらくその趨勢《すうせい》は変わらないだろう。「日本人」は減っていく。そして「外国人」は増えていくのだ。自然にそうなったのではない。「日本人」がそうする道を選んだのである。

同じ日本に暮らしていても、国籍によって、在留資格によって、この国で通過する経験は大きく異なる。同じ国境の内側でも、見えないいくつものレイヤーがこの国で暮らす人々を区別し、分割している。何年滞在できるか、働くことができるか、働き先を変えることができるか、家族と共に暮らすことができるか、一人ひとりが違う。同じ「外国人」でもその境遇は大きく異なる。

そして、まったく同じ文脈において、日本で日本国籍を持って生まれた自分のような人間は、この国で享受可能なフルスペックの権利と自由を持っているとも言える。期限なく日本に滞在できるし、働くこともできる。転職は自由だし、家族と共に暮らすこともできる。社会保障も完備しているし、選挙に出ることも、投票することもできる。日本で「日本人」であるということはそうした最大限の権利を持っているということを意味する。勤め先から解雇されて国を出るよう促されることもないし、退去強制の憂き目に遭って突然収容されることもない。

雇用における正規雇用と非正規雇用という区別があるが、これは一般的に労働契約における期限の有無の違いを指すものだ。正規社員は無期雇用で、非正規社員は有期雇用。雇用における非正規化の流れは、有期の契約で働く人が増えているということを意味する。有期契約で働くということは、現在の契約が終わる際に同じ条件で更新できるかどうかが定かではないということだ。雇用の非正規化が進めば進むほど、いつ仕事を失うか自分でコントロールできない人々が増えていく。

雇用契約におけるこうした正規と非正規の格差はすでに見慣れたものだが、国家が付与する在留資格における格差を理解する上でも参考になるものだ。なぜなら二つはとてもよく似ているからだ。日本国籍や永住権を持っている人々はその在留に上限がなく、企業における正規社員に似ている。ただし、国籍に比べて永住権は不安定で、在留資格の取り消し事由に該当すれば取り消されてしまうこともある。

「永住者」以外のほとんどすべての在留資格は1年や3年などの期間を定めている。また、「技能実習」における5年間のように、日本にいられる上限の期間が定められているものもある。こうした有期の在留資格を持つ外国人に対して日本という国家が取り結ぶ関係は、非正規社員に対して企業が取り結ぶ関係に似ている。今ある有期の関係性が終わったら、その関係性をどうするかは国家や企業の方が決められる。自由や裁量は、一人ひとりの人間にではなく、雇う側、統治する側に留保されているのだ。

大いなる撤退

平成という時代は、外国人が増え、外国人労働者が増え、そして非正規雇用で働く日本人労働者が増えた時代だった。偶然だろうか。私にはそれらの変化が同じ動きの異なる現れとして見える。それは集団が引き続き個人の力を利用しながら、同時に個人の生の安定を保障するための負担からは自らを解き放とうとする運動である。

集団は個人を取り替え可能にすることで個人から撤退しようとする。そして、それによって個々人の人生に降りかかる「面倒ごと」から自らを解放するのだ。「自分の面倒は自分で見よ」——再び力を得たのはこの古くて新しい規範だったわけである。

社会学者のジグムント・バウマンはかつて「大いなる撤退」の時代の到来について語った。それはフレキシビリティ(弾力性)の時代であり、ダウンサイジング(人員削減)の時代であり、アウトソーシング(外部委託)の時代である。

大いなる撤退の中で、一人ひとりの個人は「恒常的な不安定性(プレカリテ)」の中に置かれる。未来を予測することは困難になり、長期的な計画に基づいて現在の行動を決定することができなくなる。国家や企業にとっての人間は、全人格的な存在であるよりもむしろ何らかの材料に近いものへと徐々に変質していく(1)。

ここでひとまず「撤退」と訳されている元の言葉は「disengagement」である。それは、関与を打ち切ること、契約を解除すること、ある種のくびきから自由になることを意味するような言葉だ。そして、「誰が」撤退するのかといえば、国家や企業が撤退するのである。さらに、「何から」撤退するのかといえば、一人ひとりの人間たちから撤退するのだ。

私は「大いなる撤退」の時代が、不安定な外国人労働者、不安定な移民たちの時代でもあるのだと考えている。日本においてもそれは例外ではなく、元からいた日本人たちへの関与が少しずつ打ち切られるだけでなく、そもそもからして深く関わるつもりのない「外」の人々をどんどん輸入することによっても、この「撤退」は現実化されてきた。

平成時代の基調となった「サイドドア」政策とは何だっただろうか。それは、建前と現実のズレを利用しながら「人間」に対する恒常的な不関与と無関心を可能にし、ただ「労働者」であるだけの外国人を導入するための奇妙な方便として機能してきたのではなかったか。その顕著な現れが都合の悪くなった技能実習生の「強制帰国」であり、その陰湿な現れが大量解雇された日系人に対する「帰国支援」であったのではないだろうか。

「支え」なき人々

文科省の調査によれば、2016年5月時点で、日本語指導が必要な児童生徒の数は4万3947人にのぼる。そのうち9612人が日本国籍だ。いわゆる「外国人」だけでなく、日本国籍を持つ「日本人」の子どもたちの中にも、日本語指導が必要な者が一定数存在する。そして、その数はどんどん増加しているのだ。

図表7-1　日本語指導が必要な児童生徒数の推移（国籍別）

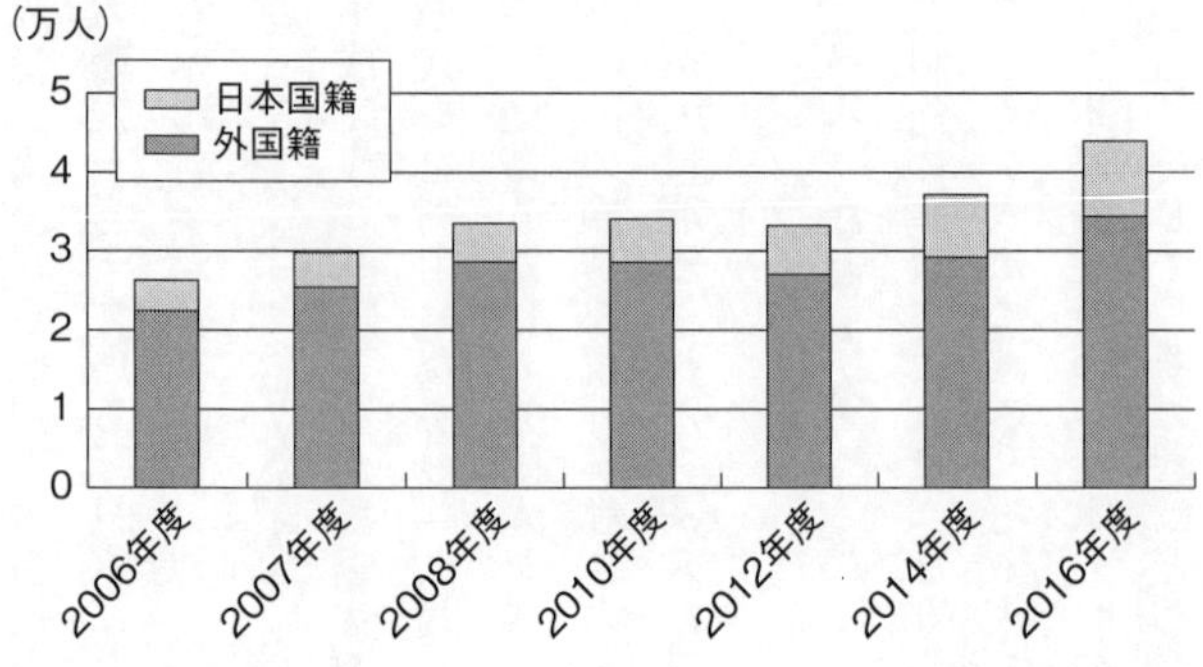

出典：文部科学省

彼らのうち公立高校に通っている者の中退率が非常に高いこともわかっている。２０１７年度の中退率は９・６１％で全体の１割近くが中退している。ちなみに、公立高校生全体の中退率は１・２７％（２０１６年度）で７倍以上もの差が存在するのだ[2]。

さらに、彼らは公立高校生全体に比べて卒業後の進学率が低く（42・19％対71・24％）、非正規の職種への就職率が高く（40・00％対4・62％）、そして進学も就職もしない割合が高い（18・18％対6・50％）。

日本で働く外国人の多くが低賃金労働者であることはすでに見てきた。この調査結果からは、彼ら外国人労働者の子どもたちも、日本語の壁から高校を中退するなど低学歴に留まる傾向が強いことが想定される。貧困や厳しい生活環境の世代を超えた連鎖はすでに始まっているのだ。

言葉が必要なのは学校や仕事に関してだけではない。入管や役所での手続きでも必要だし、家を借りるにも、買い物をするにも、何をするにしても日本語ができないと不自由する。多くの方から聞いたのは病院に対する恐怖だ。日本語が不自由な外国人の中にはその恐怖から病院に行くこと自体を避けている者もいる。

ただでさえ日本語が不自由なのに、医師や看護師が話す専門用語となると理解することがより困難になる。医師と患者という非対称的な関係性の中で、自分の言葉を理解できない患者に対して露骨に嫌な顔をする医師も少なくないと聞く。自分や家族の病状を理解したいという最も切実なタイミングが、最も理解が難しく、最も緊張と恐怖の強い瞬間でもあるという現実がある。

社会学者のロベール・カステルは『社会喪失の時代』の中でこう言っている――「個人は運良く最低限の支えを手にした場合にのみ、ある程度独立した状態でみずからの生活を送ることができる(3)」。

ある「人間」が、ある「社会」の中で生きていく。一人ひとりに「権利」がある、「人権」があるという建前だけでは、その権利が現実の中に姿を現すことはない。何らかの社会的な「支え」があってはじめて「権利」という約束が現実に変わるのである。

こうした「支え」は誰が与えるのか？　第2次大戦後の先進国が世界共通に到達した答えは、その主要な担い手が「国家」であるということであり、その具体的な表現として教育、社会保障、労働法制などの様々なシステムが整備されてきた。つまり、社会国家や福祉レジームなどと呼ばれる「体制」が構築され、それが丸裸の個人に対して「最低限の支え」を与えてきたのだ。

だが「大いなる撤退」の時代においては、この社会的な支えを与える責任から国家が自らを解放しようとしている。日本語が不自由で高校から中退する子どもたち、具合が悪くても病院に行くこと自体を恐れる外国人たち、彼らのような周縁化された存在は、最低限の支えすら喪失した状況を生きる人々がこの同じ社会の中にいることを証し立てている。「撤退の時代」とは「周縁化（marginalization）の時代」でもあるのだ。

「移民」を認める国へ

最低賃金未満で働かされる技能実習生、法律が認める上限の28時間以上働かなければ生活できない留学生、日本で30年近く暮らしてもいまだに日本語で不自由している日系人、こうした人々を最底辺の労働者として導入し続けてきたこの国の「移民政策」とは一体何だったのだろうか。

私が本書の冒頭から強調し続けてきたのは、どんな定義を採用するのであれ、この国にはすでに数多くの「移民」がいるということであり、そしてこの国がその「現実」を直視せずにここまでやってきたということだった。「移民」という現実の否認は、この社会に生きる人々をまったく異質な二つの経験へと分割し、だが同時に様々な労働とその生産物を通じて両者を分かち難く結びつけてもいる。

この二つの経験とは、「安定した生」の経験と「不安定な生」の経験である。これら二つの経験は両極であり、その間を様々なグラデーションが横切って存在している。「安定した生」の極致にあるのが、日本国籍を持った高収入の正規社員の生だ。そして、「不安定な生」の極致にあるのが、在留資格すら持たない非正規滞在者の生である。それは、過酷な技能実習先から逃げ出した者たちの生であり、退去強制を命じられたものの帰国することができずに収容されている者たちの生であり、仮放免で実質的な自由をほとんど奪われながら暮らしている者たちの生である。

この同じ国の中にはたくさんのレイヤーが存在する。そして、この多重的で複雑なレイヤーを作り出してきたものこそ、日本によるかぎ括弧付きの「移民政策」だったのではないだろうか。

１９９０年に日系人の受け入れ拡大が始まった。１９９３年には技能実習制度が創設され、その後順次対象となる職種を増やし、在留可能な期間を延長してきた。１９９０年前後の転換以降、かつて１００万人にも満たなかった在留外国人は、まもなく３００万人へと到達する勢いだ。

だが、２０１８年の入管法改正。ついに低賃金、非熟練分野における「フロントドア」を開くかに見えた新たな法改正の過程においても、この国は「移民政策」という言葉すら認めることができなかった。「大いなる撤退」の流れはそのままであるように感じられた。

社会が関与せず、関心を持たず、足場を与えずに放置し、その生から撤退する対象としての人間をどんどん輸入していく――こうした移民政策から、移民を同じ人間として受け入れ、それぞれに必要な支えを提供し、誰もができるだけ「安定した生」を生きられるように努める移民政策へと転換することができるか。安価でフレキシブルな労働力という幻想を捨て、一人ひとりが経験する当たり前の現実へと目を向けることができるか。

「移民」を否認する国は、「人間」を否認する国である。人間を否認する国とは、社会の中でしか生きられない私たちから社会的な支えを剝奪する国である。社会統合の対象は外国人だけではない。この国に生きるすべての人々が対象だ。

今、目の前にふたつの道がある――撤退ではなく関与の方へ、周縁化ではなく包摂の方へ、そして排除ではなく連帯の方へ。これは「彼ら」の話ではない。これは「私たち」の問題である。

---

(1) バウマン、ジグムント(奥井智之訳)『コミュニティ――安全と自由の戦場』筑摩書房、2017年(原著2001年)、64~65頁

(2) 文部科学省「『日本語指導が必要な児童生徒の受入状況等に関する調査(平成28年度)』の結果について」http://www.mext.go.jp/b-menu/houdou/29/06/1386753.htm

(3) カステル、ロベール(北垣徹訳)『社会喪失の時代――プレカリテの社会学』明石書店、2015年(原著2009年)、63頁

あとがき

言葉というのは本当に難しいものだ。ある言葉を通じて見えてくることもあるし、反対にその言葉があることで見えにくくなってしまうこともある。

「移民」という言葉もそう。ある人が「移民」であるかどうかをデジタルに振り分けることはできないし、「移民」という言葉に自分が関連づけていた印象やイメージが、実際に出会う一人ひとりの存在によって何度も塗り替えられてきた。客観的にも、主観的にも、言葉と現実の間にはいつもギャップがある。

だからこそ、取材を通じてお会いした様々な方々からの教えなくしてこの本を書くことはできなかった。一人ひとりからお話を伺う中で、この国にある「移民問題」の輪郭を少しずつ理解することができた。これまでの取材で出会ったすべての方々に対して、深い感謝の気持ちを記しておきたい。

この本は「日本」と「移民」との関係性を主題としているが、触れることができなかった個別のテーマはまだまだたくさん残っている。これからも取材を進め、私が編集長を務めるウェブマガジン「ニッポン複雑紀行」などを通じて発信を続けていきたい。

そして、日々「ニッポン複雑紀行」を共に運営させていただいている認定ＮＰＯ法人「難民支援協会」の皆様への感謝を。特に石川えりさん、吉山昌さん、田中志穂さん、野津美由紀さん、これからも一緒に頑張りましょう。

第5章にインタビューを収録させていただいた指宿昭一弁護士にもお礼を申し上げたい。お忙しいなか快く取材をお受けいただき、貴重なお話を聞かせていただいた。

担当編集の佐藤慶一さんとは当初ウェブメディア「現代ビジネス」で移民や難民などをテーマとした仕事をご一緒させていただき、その縁で本書の企画にもゼロから伴走してくださった。何から何まで本当にありがとう。

最後になったが、母と家族に、そしていつも私をその言葉と存在の灯りで照らしてくれる妻に心からの感謝を。

２０１９年2月

望月優大

主要参考文献

・明石純一『入国管理政策——「１９９０年体制」の成立と展開』ナカニシヤ出版、２０１０年
・アーレント、ハンナ（引田隆也・齊藤純一訳）『過去と未来の間』みすず書房、１９９４年（原著１９６８年）
・五十嵐泰正編『労働再審②——越境する労働と〈移民〉』大月書店、２０１０年
・出井康博『ルポ ニッポン絶望工場』講談社、２０１６年
・移民政策学会編『移民政策研究　第10号』明石書店、２０１８年
・移民政策学会設立10周年記念論集刊行委員会編『移民政策のフロンティア——日本の歩みと課題を問い直す』明石書店、２０１８年
・ＮＨＫ取材班『外国人労働者をどう受け入れるか——「安い労働力」から「戦力」へ』ＮＨＫ出版、２０１７年
・外国人技能実習生問題弁護士連絡会編『外国人技能実習生法的支援マニュアル』明石書店、２０１８年
・梶田孝道・丹野清人・樋口直人『顔の見えない定住化——日系ブラジル人と国家・市場・移民ネットワーク』名古屋大学出版会、２００５年
・カステル、ロベール（北垣徹訳）『社会喪失の時代——プレカリテの社会学』明石書店、２０１５年（原著２００９年）
・カースルズ、S．／ミラー、M．J．（関根政美・関根薫訳）『国際移民の時代（第4版）』名古屋大学出版会、２０１１年（原著２００９年）
・上林千恵子『外国人労働者受け入れと日本社会——技能実習制度の展開とジレンマ』東京大学出版会、２０１５年
・カレンズ、ジョセフ（横濱竜也訳）『不法移民はいつ〈不法〉でなくなるのか——滞在時間から滞在権へ』白水社、２０１７年（原著２０１０年）
・クラステフ、イワン（庄司克弘監訳）『アフター・ヨーロッパ——ポピュリズムという妖怪にどう向きあうか』岩波

書店、2018年（原著2017年）
・小井土彰宏編『移民受入の国際社会学——選別メカニズムの比較分析』名古屋大学出版会、2017年
・小島祥美「〈ジモト〉をつくる外国人教育——不就学ゼロをめざして」『世界』2018年12月号、岩波書店
・駒井洋監修、津崎克彦編著『産業構造の変化と外国人労働者——労働現場の実態と歴史的視点』明石書店、2018年
・近藤敦編著『外国人の人権へのアプローチ』明石書店、2015年
・近藤敦「持続可能な多文化共生社会に向けた移民統合政策」『世界』2018年12月号、岩波書店
・下地ローレンス吉孝『「混血」と「日本人」——ハーフ・ダブル・ミックスの社会史』青土社、2018年
・白波瀬達也『貧困と地域——あいりん地区から見る高齢化と孤立死』中央公論新社、2017年
・芹澤健介『コンビニ外国人』新潮社、2018年
・髙谷幸『追放と抵抗のポリティクス——戦後日本の境界と非正規移民』ナカニシヤ出版、2017年
・田中宏『在日外国人（第三版）——法の壁、心の溝』岩波書店、2013年
・中島弘象『フィリピンパブ嬢の社会学』新潮社、2017年
・西日本新聞社編『新 移民時代——外国人労働者と共に生きる社会へ』明石書店、2017年
・野口和恵『日本とフィリピンを生きる子どもたち——ジャパニーズ・フィリピノ・チルドレン』あけび書房、2015年
・バウマン、ジグムント（澤田眞治・中井愛子訳）『グローバリゼーション——人間への影響』法政大学出版局、2010年（原著1998年）
・バウマン、ジグムント（奥井智之訳）『コミュニティ——安全と自由の戦場』筑摩書房、2017年（原著2001年）
・ハンマー、トーマス（近藤敦監訳）『永住市民と国民国家——定住外国人の政治参加』明石書店、1999年（原著1990年）

・ブルーベイカー、ロジャース（佐藤成基・髙橋誠一・岩城邦義・吉田公記編訳）『グローバル化する世界と「帰属の政治」――移民・シティズンシップ・国民国家』明石書店、2016年
・ベンハビブ、セイラ（向山恭一訳）『他者の権利――外国人・居留民・市民』法政大学出版局、2006年（原著2004年）
・ボージャス、ジョージ（岩本正明訳）『移民の政治経済学』白水社、2017年（原著2016年）
・ミラー、デイヴィッド（富沢克・伊藤恭彦・長谷川一年・施光恒・竹島博之訳）『国際正義とは何か――グローバル化とネーションとしての責任』風行社、2011年（原著2007年）
・宮島喬『現代ヨーロッパと移民問題の原点――1970、80年代、開かれたシティズンシップの生成と試練』明石書店、2016年
・宮島喬・鈴木江理子『外国人労働者受け入れを問う』岩波書店、2014年
・毛受敏浩『限界国家――人口減少で日本が迫られる最終選択』朝日新聞出版、2017年
・森千香子／ルバイ、エレン編『国境政策のパラドクス』勁草書房、2014年
・森岡孝二『雇用身分社会』岩波書店、2015年
・安田浩一『ルポ 差別と貧困の外国人労働者』光文社、2010年
・ヨプケ、クリスチャン（遠藤乾・佐藤崇子・井口保宏・宮井健志訳）『軽いシティズンシップ――市民、外国人、リベラリズムのゆくえ』岩波書店、2013年（原著2010年）
・渡戸一郎・鈴木江理子・A.P.F.S.編著『在留特別許可と日本の移民政策――「移民選別」時代の到来』明石書店、2007年

講談社現代新書　2516

ふたつの日本《にほん》「移民国家《いみんこっか》」の建前《たてまえ》と現実《げんじつ》

二〇一九年三月二〇日第一刷発行

著者　望月優大《もちづきひろき》

発行者　渡瀬昌彦

発行所　株式会社講談社
東京都文京区音羽二丁目一二―二一　郵便番号一一二―八〇〇一
電話　〇三―五三九五―三五二一　編集（現代新書）
〇三―五三九五―四四一五　販売
〇三―五三九五―三六一五　業務

装幀者　中島英樹

印刷所　豊国印刷株式会社

製本所　株式会社国宝社

本文データ制作　講談社デジタル製作

定価はカバーに表示してあります　Printed in Japan

N.D.C.316　222p　18cm
ISBN978-4-06-515110-5

#「講談社現代新書」の刊行にあたって

教養は万人が身をもって養い創造すべきものであって、一部の専門家の占有物として、ただ一方的に人々の手もとに配布され伝達されうるものではありません。

しかし、不幸にしてわが国の現状では、教養の重要な養いとなるべき書物は、ほとんど講壇からの天下りや単なる解説に終始し、知識技術を真剣に希求する青少年・学生・一般民衆の根本的な疑問や興味は、けっして十分に答えられ、解きほぐされ、手引きされることがありません。万人の内奥から発した真正の教養への芽ばえが、こうして放置され、むなしく滅びさる運命にゆだねられているのです。

このことは、中・高校だけで教育をおわる人々の成長をはばんでいるだけでなく、大学に進んだり、インテリと目されたりする人々の精神力の健康さえもむしばみ、わが国の文化の実質をまことに脆弱なものにしています。単なる博識以上の根強い思索力・判断力、および確かな技術にささえられた教養を必要とする日本の将来にとって、これは真剣に憂慮されなければならない事態であるといわなければなりません。

わたしたちの「講談社現代新書」は、この事態の克服を意図して計画されたものです。これによってわたしたちは、講壇からの天下りでもなく、単なる解説書でもない、もっぱら万人の魂に生ずる初発的かつ根本的な問題をとらえ、掘り起こし、手引きし、しかも最新の知識への展望を万人に確立させる書物を、新しく世の中に送り出したいと念願しています。

わたしたちは、創業以来民衆を対象とする啓蒙の仕事に専心してきた講談社にとって、これこそもっともふさわしい課題であり、伝統ある出版社としての義務でもあると考えているのです。

一九六四年四月　野間省一